Armin Spürgin

DIE
HONIG-
BIENE

Vom Bienenstaat
zur Imkerei

6. Auflage
78 Farbfotos
29 Zeichnungen

Inhalt

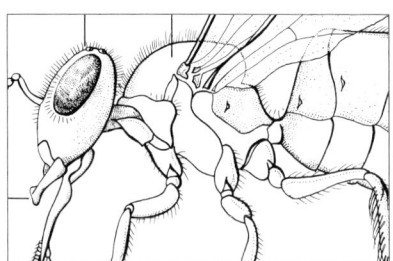

Widmung

Imkermeister Karl Pfefferle (1918–2009)

Dem Begründer einer naturnahen
Bienenhaltung

Mensch und Biene

Von den Anfängen der Imkerei

Es ist schwer zu sagen, seit wann sich der Mensch mit Bienen beschäftigt. Diese Frage wird wahrscheinlich für immer ungelöst bleiben, denn schlüssige vorgeschichtliche Funde zur Imkerei sind auch zukünftig kaum zu erwarten. Die Bienenwohnungen, die Werkzeuge des Imkers und auch die Bienen und ihre Produkte selbst hinterlassen kaum Spuren, die sich bei Ausgrabungen verwerten ließen. So wurde zum Beispiel die bisher älteste Bienenwohnung Mitteleuropas in der Wurtensiedlung Feddersen Wierde zwischen Elbe- und Wesermündung in so schlechtem Zustand gefunden, dass man sie lange Zeit für eine Fischreuse hielt. Dieser fast 2000 Jahre alte Rutenstülper, der älteste seiner Gattung überhaupt, wurde aus einem Weiden-Korbgeflecht in Form einer unten offenen Glocke gefertigt und vermutlich mit Lehm und Kuhdung (bis heute gebräuchliche Materialien zum Abdichten von Bienenkörben) oder Ähnlichem verstrichen.

Etwa 300 bis 500 Jahre jünger ist der geradezu sensationelle Fund eines Klotzstülpers im Vehnemoor bei Oldenburg, der nicht nur sehr gut erhalten war, sondern auch noch Waben enthielt und von Bienen besetzt war. Ein Klotz-stülper ist ein unten offener, ausgehöhlter Baumstamm, der mit einem Flugloch versehen wurde und wie der Rutenstülper als Bienenwohnung diente. Beide zählen zu den ältesten Beutenformen. Ihre Namen hängen mit ihrer Handhabung zusammen, denn zur Nachschau und Bearbeitung mussten sie umgestülpt werden. Sie waren sehr weit verbreitet – der Rutenstülper überwiegend in freien Ebenen, der Klotzstülper eher in holzreichen Waldgebieten – und kamen bis in neuerer Zeit vom südwestlichen Europa bis tief nach Russland hinein vor.

Wenn wir uns die besprochenen Funde vor Augen führen, stellen wir jedoch fest, dass sie keineswegs aus der Anfangszeit der Imkerei stammen, son-

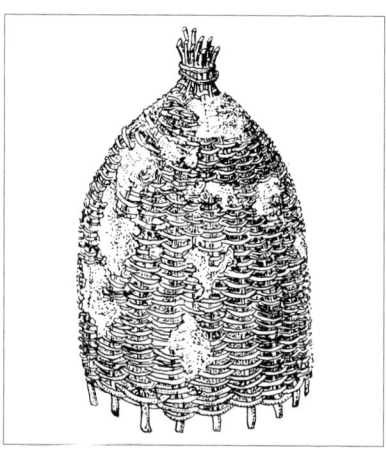

Historischer Rutenstülper mit Resten seiner schützenden Lehmauflage.

In oft schwindelnder Höhe musste der Honig aus Felshöhlen gefahrvoll erbeutet werden (Höhlenzeichnung aus Cueva de la Arana).

aus vergleichbare Lebensformen schließen lässt.

Zweifellos hat der Mensch durch seinen ehemals engen Kontakt zur Natur sehr bald den süßen Bienenhonig als begehrenswerte Beute ausfindig gemacht und die Honig liefernden Insekten mit allen Tricks bejagt. Einen Beweis dafür liefern die Erfahrungen bei der ersten Einfuhr von europäischen Bienen nach Australien Anfang des 18. Jahrhunderts. Unter den dortigen günstigen Klimabedingungen wilderten sie sehr bald aus. Es dauerte keine 50 Jahre bis die australischen Ureinwohner, für die diese merkwürdigen Insekten etwas völlig Neues und bisher Unbekanntes darstellten, mit unglaublichen Schlichen die wild lebenden Bienenvölker aufspürten, um den Honig erbeuten zu können. So klebten sie beispielsweise Blüten besuchenden Nektar- und Pollensammlerinnen leichte Flaumfedern an, wodurch sie im Flug gehemmt und gut sichtbar den Weg zum Stock wiesen.

Auch die Neue Welt kannte bis zum Eintreffen der ersten weißen Einwandererströme keine europäischen Honigbienen. Nachdem die fremden Siedler bei den nordamerikanischen Indianern als Eindringlinge verhasst waren, wurde ihnen auch die Imkerei zum Verhängnis, denn sobald die Indianer Bienen auf den Blüten entdeckten, konnten die Weißen nicht mehr weit sein. So wurden die Bienen bei den Ureinwohnern zu den »Fliegen des weißen Mannes«, an die man sich aber sehr schnell gewöhnte und de-

dern technisch schon weit entwickelt sind. So lässt sich über die frühesten Anfänge der Bienenhaltung nur spekulieren.

Schon bei Beginn der über 7 Millionen Jahre dauernden Entwicklung des Menschen, die seit etwa 100 000 Jahren im Homo sapiens gipfelte, zählten die Honigbienen zu den alten Erdenbewohnern. Das heißt aber nicht, dass es sich damals um eine Art »Primitiv-Biene« gehandelt hätte. Keineswegs! Selbst wenn es auch heute noch Insekten gibt, die man mit diesem Attribut versehen könnte und die sogar als Vorfahren unserer Honigbiene gelten. Von ihnen soll aber später die Rede sein. Die ältesten fossilen Funde von sozialen Bienen wurden im 50 Millionen Jahre alten Bernstein des Baltikums gemacht. Sie sind ihren heutigen Artgenossen sehr ähnlich, sodass sich daraus auch auf durch-

ren Produkte heute noch zum festen Bestandteil der indianischen Volksmedizin gehören.

Doch kehren wir in die Alte Welt zurück. Die Imkerei der Frühzeit war eher eine Jagd auf Bienen oder vielmehr deren Produkte Honig und Wachs, wie dies auf der wohl ältesten Darstellung, einer steinzeitlichen Höhlenzeichnung aus Cueva de la Arana bei Bicorp/Spanien, die vor etwa 12 000 Jahren entstand, zu sehen ist.

Die Waben wurden mühsam und unter gefahrvollen Bedingungen erbeutet und mit Brut, Pollen und Honig ausgepresst. Das so gewonnene Produkt

Klotzbeuten sind heute zum Studium des ursprünglichen Bienenlebens noch sehr beliebt.

konnte roh verzehrt oder weiterverarbeitet werden, so zum Beispiel zu Met, dem berauschenden Getränk der alten Germanen. Was den Honig früher so be-

Der armbrustbewehrte Zeidler arbeitete auf Leitern oder Seilzügen. Mit dem Zeidelbeil öffnete er die Baumhöhle (rechts) und entnahm Honig und Wachs (links). Die Stämme wurden vom Besitzer markiert. Abgesägte Baumhöhlen (Mitte, oben) konnten als Klotzbeuten mit nach Hause genommen werden (aus G. Schirach, 1774).

gehrt machte, war jedoch nicht nur das daraus hergestellte Gebräu, sondern vor allem seine unvergleichliche Süße, der erst dann eine Konkurrenz entstand, als nach den Beutezügen der Kreuzfahrer der Rohrzucker in Europa bekannt wurde und nachdem 1775 der Chemiker Sigismund Marggraf Zucker aus Rüben herstellte.

Allmählich aber wurde das Aufspüren und Ausbeuten der natürlichen Bienenstöcke von der Waldbienenzucht abgelöst. Irgendwann muss jemand dahinter

Lüneburger Stülper auf der Lagd (nach vorn offener Unterstand).

gekommen sein, dass die Chance einer Bienenansiedlung ungleich größer ist, wenn ausreichend Nistgelegenheiten in Form von ausgehöhlten Bäumen vorhanden sind. Also schlug der Zeidler, wie sich der Waldimker bald nannte, sein Erkennungszeichen nicht nur an den von Bienen bewohnten Baum, den er durch Zufall fand, sondern auch in die vorbereiteten Beutenbäume, in die erst noch ein wohnungssuchender Schwarm einziehen musste. Dazu wurde ein stattlicher Baumstamm entsprechend hoch, damit er gegen Bären und Räuber gesichert war, sorgfältig mit dem Zeidlerbeil ausgehauen, bis ein etwa 120 cm hoher und 20 cm runder Hohlraum entstand. Nachdem man diese Öffnung mit dem sogenannten Zeidelbrett verschlossen hatte, musste man geduldig auf den Einzug der Bienen warten, wenn man nicht das Glück hat-

te, einen gefundenen Schwarm einlogieren zu können. Da die Wälder damals immer zum fürstlichen Besitz zählten, entstanden damit aber auch rechtliche Probleme und mancher Streit. Deswegen waren die Zeidler bestimmten Gesetzen unterworfen und hatten eine eigene Gerichtsbarkeit. Zeidler waren angesehene, freie Leute und mit vielerlei Privilegien ausgestattet, die sie, wie ihr gesamtes Zeidelwesen, an ihre Nachkommen vererbten. Sie durften sogar eine Armbrust tragen, doch lässt sich mit Sicherheit nicht mehr feststellen, woher sich dieses Recht ableitet. Zum Einen mussten sie sich gegen die natürlichen Honigräuber, die Bären, zur Wehr setzen und zum Anderen waren sie als hervorragende Kenner der noch sehr wilden Wälder dem Kaiser dienstverpflichtet und nicht selten für das sichere Geleit der umherziehenden Heere verantwortlich. Dies war allerdings nicht die einzige Gegenleistung für ihre weitreichenden Privilegien. Der Pachtzins für die Waldnutzung war in Naturalien, dem damals hochbegehrten Honig und Wachs, an den Dienstherren zu entrichten. Vor allem die Kirchen benötigten große Mengen Wachs für liturgische Kerzen. So ist von der Hauptkirche in Wittenberg ein jährlicher Wachsverbrauch von 35 000 Pfund bekannt. Daraus erklärt sich zumindest teilweise der erhebliche Rückgang der Imkerei nach der Reformation.

Während des Mittelalters ist die Blütezeit der Zeidlerei zu sehen, die ihr Zentrum im Reichwald bei Nürnberg hatte. Das letzte Zeidelgericht tagte 1779 in Feucht in Franken. Das Ausmaß der Waldimkerei ist vielleicht daran zu erkennen, dass in Ostpreußen, wo sich die Imkerei durch die in Privatbesitz befindlichen Wälder etwas länger hielt,

1870/80 noch 20 000 Zeidelbäume gezählt wurden. 1913 fand man ganze 54 Bienenbäume, wovon nur 22 von Bienen besiedelt waren.

Nun bedeutet der Rückgang der Waldimkerei nicht gleichzeitig den Rückgang der Bienenhaltung insgesamt. Bereits vor der Reformation ging man neben der traditionellen Waldhaltung dazu über, die Bienen mitsamt den Beuten in die Nähe der menschlichen Siedlungen zu bringen. Und damit wären wir wieder bei der Ruten- und Klotzstülperhaltung angelangt, von der wir anfangs gehört haben. Zeitlich lassen sich die verschiedenen Haltungsformen nicht genau eingrenzen. Eine ging in die andere über, nachdem beide lange Zeit nebeneinander betrieben wurden, und es entwickelten sich eine Unmenge regionaler Varianten, die in den Bienen- und Naturkundemuseen zu bewundern sind (siehe Anhang, ab Seite 116).

Der Alemannische Rumpf wurde durch Auf- und Untersetzen erweitert.

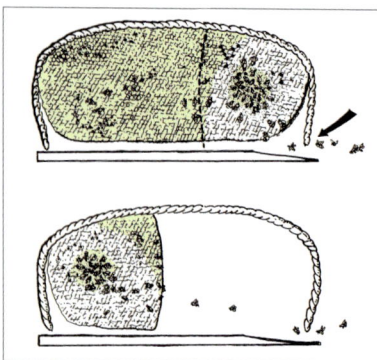

Nach der Honigernte werden die Bienen durch einen »Dreh« zur Aktivität ermuntert.

Bevor wir auf die Ursprünge der modernen Bienenhaltung zu sprechen kommen, müssen wir einem noch nicht ganz so alten, aber umso ehrwürdigeren Vertreter der Bienenwohnungen unser Augenmerk schenken, dem Strohkorb. Er wird auf etwa 2000 Jahre geschätzt und bestimmte die Imkerei bis in unsere Zeit hinein. Weit über die Fachkreise hinaus bekannt sind die Lüneburger Stülper, die, wie Soldaten auf ihren Lagden stehend, aus dem Landschaftsbild der norddeutschen Heide fast nicht wegzudenken sind. Weit weniger populär, aber bis um die Jahrhundertwende das Bild des landschaftstypischen Bauernhauses bestimmend, war der Schwarzwälder Bienenkorb, wegen seiner breiten, laibartigen Form auch als »Rumpf« bezeichnet. Die Arbeitsweise mit dieser merkwürdigen Immenbehausung, die von den Alemannen in den Südwestdeutschen Raum gebracht wurde, näher zu erläutern, lohnt sich, weil sie sehr schön wichtige Gesetzmäßigkeiten im Bienenvolk verdeutlicht.

Die Bienen lagern den Honig immer an der vom Ausflug weitest entfernten Stelle ihres Wabenbaues ab. Also bei unten liegendem Flugloch möglichst weit oben bzw. auf der dem Ausflug entgegengesetzt liegenden Rückseite. An der Fluglochseite des Wabenwerkes legen die Bienen die Brut an und lagern dort teilweise auch den gesammelten Pollen ein. Diese Raumeinteilung ist sehr sinnvoll, denn jeder Honigräuber, der die Wächterbienen unbemerkt passieren konnte, muss so zwangsläufig immer den gesamten Brutbereich durchqueren. Dies wird ihm aber nur schwerlich gelingen, da die Brut stets dicht mit pflegenden Bienen belagert ist, die den Eindringling gebührend empfangen würden. Wir sehen also, dass die abgeflachte Form des Schwarzwälder Korbes eine sehr praktische Bewandtnis hat: Die Bienen müssen, weil es dem Rumpf an Höhe fehlt, ihren Honig überwiegend im hinteren Teil ihres Wabenbaues einlagern. Das ermöglicht dem Imker verhältnismäßig gut an den Honig zu gelangen und zwar ohne die Bienen aus ihrer Behausung zu vertreiben oder gar abzutöten, wie es in anderen Gegenden noch lange praktiziert wurde. An Schwarzwälder Höfen wurden besonders versierte Kenner der Bienen als »Immeschnieder« engagiert, die alljährlich zum Josephstag (19.3.) den Bienen unter Schonung der Brut, gerade so viel Honig aus den Körben herausschnitten, wie sie bis zum nächsten Nektareintrag, z. B. aus der Obstblüte, entbehren konnten. Das ist aber noch nicht alles. Der Alemannische Rumpf hat selbst kein Flugloch. Dies ist immer im Bodenbrett eingelassen oder an einem untergesetzten Holzkästchen angebracht. Diese Besonderheit machte sich der »Immeschnieder« zu Nutze und setzte den Korb, nachdem der Honig geerntet war, nach einer Umdrehung von 180° wieder auf das Bodenbrett zurück. Den ordnungsliebenden Bienen passt so etwas natürlich überhaupt nicht. Sie versuchen nun auf schnellstem Weg wieder mit ihrem Brutnest an das Flugloch zu gelangen. Dazu müssen sie aber erst das entstandene Loch im Wabenbau wieder erneuern. Wenn sich dies alljährlich wiederholt, erhält das Bienenvolk auf diese Weise immer zur Hälfte neue Waben und der Imker eine höhere Wachsausbeute. Die moderne Imkerei arbeitet natürlich mit anderen Methoden, aber die Kenntnis von der Brutnestordnung, der Honiglagerung und auch die zentrale Rolle der Bauerneuerung bilden wesentliche Grundlagen auch in der heutigen Bienenhaltung.

Die moderne Bienenhaltung

In der Zeit der Waldimkerei, der Klotzbeuten und Korbstülper war das Bienenvolk ein »Buch mit sieben Siegeln«. Der Wabenbau war starr und fest verbaut und so blieben den Menschen nähere Kenntnisse über die Abläufe im Insektenstaat lange verschlossen. Möglichkeiten den Wabenbau beweglich zu machen, waren bereits im antiken Griechenland bekannt, aber später wieder in Vergessenheit geraten. Erst der schlesische Pfarrer Johannes Dzierzon (1811–1906) hat die sogenannte Mobilbeute neu erfunden und begründete damit die moderne Bienenhaltung. Er logierte die Bienen in aus Brettern gefertigte Kästen ein und ließ sie ihre Waben an Stäbchen oder Leistchen bauen, die sich damit einzeln bewegen und vor allem besichtigen ließen. August von Berlepsch (1815–1877) ergänzte die Leistchen Dzierzons zu vierseitigen Rähmchen und verschaffte den bislang noch etwas wackeligen Waben eine gewisse Stabilität. Nun konnte das Bienenvolk nach Belieben in seine Einzelteile zerlegt werden. Die »sieben Siegel« waren gebrochen, das »Buch« war Seite für Seite bzw. Wabe für Wabe bereit, »gelesen« und durchgeblättert zu werden. Das Ergebnis zeigt die nicht mehr zu überblickende Flut imkerlicher Literatur in den letzten 150 Jahren.

Weitere bahnbrechende Erfindungen, ohne die unsere heutige Imkerei kaum vorstellbar wäre, schlossen sich an. Die Notwendigkeit der Bauerneuerung und ihre Bedeutung für die Gesundheit des Bienenvolkes wurde, wie wir am Beispiel des Alemannischen Rumpfes sahen, schon früh erkannt. Dabei war es aber immer störend, dass die Bienen im Frühjahr, wenn sie am liebsten bauen, als Vorbereitung für die bevorstehenden Hochzeitsflüge der Königinnen, überwiegend Drohnenzellen (Durchmesser etwa 6,9 mm) errichten. Nur der Schwarm baut in der neuen Wohnung keine Drohnenzellen mehr, da die Königin bereits begattet ist oder im Hofstaat genügend Männer mitgeführt werden und damit die Aufzucht weiterer Drohnen überflüssig geworden ist. In allen anderen Fällen würde die Erneuerung des Wabenbaues ohne die seinerzeit sensationelle, heute aber alltäglich gewordene Erfindung des Tischlermeisters Franz Mehring (1815–1870) erhebliche Probleme bereiten. Er erfand eine Gießform zur Herstellung von Wachsplatten

*Johann Ludwig Christ war mit seinen Magazin-
beuten seiner Zeit um 200 Jahre voraus.*

mit der Einprägung der typischen Arbeiterinnenzellen (Durchmesser etwa
5,3 mm). Aus diesen sogenannten Mittelwänden stellt man auch die sehr be-
liebten Bienenwachskerzen her, die besonders auf Weihnachtsmärkten häufig
angeboten werden. Die Mittelwände be-
festigt der Imker in Wabenrähmchen
und hängt sie den Bienen zum Ausbau-
en ein. Diese richten sich getreu nach
dieser vorgegebenen Prägung und halten sich in der Erzeugung von Drohnen
zurück, die zur Zeit Mehrings und
manchmal auch noch heute als »unnütze Fresser« angesehen werden.

Zur Honiggewinnung mussten die ge-
ernteten Waben bislang noch ausgeschnitten und ausgepresst werden. Der
Wabenbau ging dabei verloren. Dies ver-
anlasste den Wiener Major Franz von
Hruschka (1813–1888) sich über eine
Verbesserung der Honigernte Gedanken
zu machen. Er erinnerte sich der Wir-
kungsweise der Zentrifugalkraft und er-

fand die Honigschleuder, die eine Gewinnung des Honigs unter größtmög-
licher Schonung der Waben erlaubte.
Eine Technik wie sie heute weltweit üblich geworden ist. Nur Heidehonig wird
teilweise noch nach althergebrachter
Methode gepresst. Nicht nur wegen seiner besonders festen Konsistenz, sondern weil er als Presshonig eine besondere Spezialität und Delikatesse darstellt.

Die Erhaltung des Wabenbaues durch
die Schleuderung macht die Waben wieder verwendbar. Die Bienen müssen
nicht mehr so viel bauen wie früher.
Die wesentlichen technischen Voraussetzungen der modernen Imkerei waren
hiermit geschaffen. Die weitere Entwicklung nahm unter tatkräftiger Unterstüt-
zung der wie Pilze aus dem Boden schie-
ßenden Imkervereine und -verbände ihren Lauf. Dabei sollte man sich jedoch
auch des ehrwürdigen Pfarrers Johann
Ludwig Christ (1739–1813) erinnern, der
bis in die erste Hälfte des 19. Jahrhunderts einen erheblichen Einfluss auf die
Bienenzüchter ausübte. Zwar kannte er
noch keine beweglichen Waben, aber er
verwendete als Erster gezielt sogenannte Magazinbeuten, die den besonderen
Vorteil besaßen, dass sie der Volksstärke
genau angepasst werden konnten. Dabei wurde eine beliebige Anzahl von
Holzkästchen, in denen die Bienen an
fest eingebauten Leistchen ihre Waben
errichteten, aufeinander getürmt. Die
Bienenvölker ließen sich so ohne Weiteres teilen und bei zurückgehender Bienenzahl im Herbst konnte die Kastengröße entsprechend der Volksstärke reduziert werden.

Christ versah seine Magazine mit
Glasscheiben und konnte so bereits vor

Die Bienenhauskultur des 19. Jahrhunderts geht ihrem Ende entgegen. Allzu oft trifft man auf bienenleere, verwaiste Bienenhäuser.

Einführung der beweglichen Wabe wesentliche Erkenntnisse über das Bienenvolk gewinnen, so z. B. über den Bau der Waben und die Entwicklung der Brut. Seine Kenntnisse gingen so weit, dass er eine sichere Methode der Bienenvermehrung, ohne die Bienen schwärmen zu lassen, empfehlen konnte. Dennoch konnte sich die von Christ eingeführte Magazinbeute, später auch mit beweglichen Wabenrähmchen ausgestattet, im deutschen Sprachraum selbst durch das starke Engagement des berühmten Bienen-Professors Enoch Zander (1873–1957) lange nicht durchsetzen.

Der amerikanische Geistliche und Lehrer Lorenzo Lorraine Langstroth (1810–1895) griff zielsicher nach der Magazinbeute, die er aus ausgedienten Sektkisten fertigte und mit der entsprechenden Menge Rähmchen versah. Er gründete damit nicht nur den Standard für die amerikanische, sondern für nahezu die gesamte Weltimkerei.

Die Bienenzüchter des deutschen Sprachraumes führten bis in die Zeit des Wirtschaftswunders ein beschauliches Mauerblümchendasein. Man verfügte zwar über die besten Institute und Wissenschaftler und fast jeder Imker wusste über die kompliziertesten Vorgänge im Bienenvolk Bescheid. Darüber hinaus war jeder sein eigener Erfinder und nichts Fremdes konnte gut genug sein. So verfügen wir zwar über ein erstaunlich hohes imkerliches Wissen, andererseits aber besteht vielfach ein verwirrendes Durcheinander an Beutensystemen und Wabenmaßen, das den Neuling auf dem Gebiet der Imkerei eher abschreckt. Die noch von der Zeidlerei des Mittelalters hergeleiteten und mit beweglichen Rähmchen versehenen Hinterbehandlungsbeuten waren noch lange Zeit gang und gäbe. Inzwischen jedoch ist die Magazinimkerei allgemein eingebürgert und anerkannt.

Mensch und Biene in der heutigen Zeit

Lassen wir die Namen unserer kleinen Imkereigeschichte nochmals Revue passieren, so fällt uns die große Zahl von Geistlichen auf. Würden wir uns weiter in Details vertiefen, käme zu Lorenzo Langstroth noch eine ebenso lange Reihe von Lehrern hinzu. Die gleiche Feststellung ergibt sich bei der Durchsicht der Mitgliederlisten von Imkervereinen aus dem 19. und 20. Jahrhundert. Daran hat sich bis in die letzte Nachkriegszeit nichts geändert.

Die Pfarrer und besonders die Lehrer des vorigen Jahrhunderts waren höchst bescheiden besoldet. Es ging nicht anders, sie mussten ein wenig dazuverdienen. Eine kleine Landwirtschaft half die Speisekammer etwas aufzufüllen, doch ließ sich der Boden nicht beliebig vermehren. Was bot sich hier also besser an als die Bienenhaltung, die von jeglichem Besitz an Grund und Boden unabhängig ist? Bienen können fliegen und holen sich ihre Nahrung überall dort wo sie zu finden ist, ohne nach dem Eigentümer fragen zu müssen. Und außer dem erwünschten Honigsegen reizten auch die Geheimnisse des Bienenstaates den Forscherdrang der gebildeten Laien unter den Imkern damals besonders heraus.

Heute sind Lehrer und Pfarrer in der Imkerschar eher selten geworden, da es zum Glück wahre Existenznöte in diesen Kreisen nicht mehr zu verzeichnen gibt. Wer sind die Bienenhalter unserer Zeit? Was bringt sie dazu, sich mit diesem absonderlichsten aller »Nutztiere« zu befassen?

Unter den Freunden der Imkerei finden sich heute nahezu alle Berufe, vor allem aber Techniker und Leute aus der Verwaltung, sowohl Angestellte als auch Unternehmer und Angehörige freier Berufe. Man ist fasziniert von den erstaunlichen Organisationsstrukturen und den rationellen Arbeitsabläufen im Bienenvolk, die zugleich wichtige biologische Kenntnisse vermitteln und vertiefen. Biologie wird zum unmittelbaren Erlebnis. Als »stressabbauendes Hobby« wird die Bienenhaltung heute selbst in renommierten Managermagazinen angepriesen. Ausgleich zum Berufsalltag und Einstieg in eine Beschäftigung mit hohem Freizeitwert sind heute sicher die Hauptmotive derjenigen, die sich mit den Bienen beschäftigen. Der Erfolg jeder Imkerei spiegelt sich in einem möglichst reichen Honigsegen. Zwar wird der Freizeitimker auf den Ertrag nicht angewiesen sein, doch wäre auf Dauer eine Bienenhaltung ohne Ertrag nur schwer finanzierbar, sie würde zu einem Hobby der Reichen degradiert. Eine gut geführte Imkerei wirft aber auf mehrere Jahre gesehen immer etwas ab.

Ein Naturprodukt aus eigener Erzeugung ist ein weiteres Motiv für den Beginn einer Bienenhaltung. Und der Wunsch nach Selbsterzeugtem lässt sich gerade in der Imkerei durch ihre Bodenunabhängigkeit leicht verwirklichen. Nicht wenige Freizeitimker, die sich

Besonders der Großstadtmensch ist für eine naturnahe Beschäftigung dankbar. Bienen werden in begrenztem Umfang auch in Ballungsgebieten gehalten.

nach einigen »Lehrjahren« sicher genug fühlen und in ihrer Umgebung günstige Voraussetzungen antreffen, bauen ihren Bienenbestand zu einer kleineren oder größeren Nebenerwerbsimkerei (20 Völker und mehr) aus. Sie können sich dadurch einen Nebenerwerb verschaffen.

Es ist noch nicht lange her, da waren unsere Bauernhöfe recht gut mit Bienen versehen. Mittlerweile ist aber die dort imkernde Generation ausgestorben und ihre Nachkommen sind der landwirtschaftlichen Spezialisierung anheimgefallen. Dies könnte heute einen Junglandwirt, besonders wenn er sich mit Obstbau befasst, bewegen, zur Sicherung der Bestäubung und der daraus resultierenden quantitativen wie qualitativen Verbesserung der Obsterträge, Bienen zu halten.

Seit der EU-Ökoverordnung 2092 von 1991 ist es Imkern möglich, Bio-Honig zu produzieren. Diesem Prinzip folgen viele Imker. Die recht kostspielige Zertifizierung rechnet sich aber nur für größere Betriebe.

Anfang der 2000er-Jahre kam es zu Schlagzeilen über das „Bienensterben". Pflanzenschutzmittel, der Rückgang der Bienenweide und Bienenkrankheiten wurden u. a. als Ursachen genannt. Das versetzte dem nachlassenden Interesse an den Bienen einen neuen Hype. Schließlich kann jeder etwas dazu beitragen, die Bienen zu „retten". Seither ist nicht nur die Zahl der Imker, sondern auch der Bienenvölker im Steigen begriffen.

Die Beweggründe, sich mit Bienen zu befassen, mögen von unterschiedlicher Art sein. Es wäre jedoch falsch, dem einen edelste Selbstlosigkeit, dem anderen aber nur schnödes Profitdenken zu unterstellen. Auch ein Berufsimker, von denen es selbstverständlich auch etliche gibt, muss ein gerüttelt Maß an Idealismus mitbringen, wenn er regelmäßig wiederkehrende Jahre der Missernten überwinden will. Idealismus und wirtschaftlicher Erfolg sind keine Gegensätze – in der Imkerei bedingen sie einander.

Bienen in der Natur

Die Bienen und die Bestäubung

Es ist unumstritten: Wenn die Bienenhaltung in weiten Imkerkreisen uninteressant würde, müsste der Staat größte Anstrengungen zur Erhaltung eines möglichst hohen Bienenbestandes unternehmen. Christian Conrad Sprengel (1750–1816) erkannte als erster die Bestäubungsfunktion von Bienen und anderen Insekten und veröffentlichte seine Beobachtungen in dem Buch »Das entdeckte Geheimnis der Natur im Bau und in der Befruchtung der Blumen« (Berlin, 1793). Eine spätere Veröffentlichung Sprengels gipfelte sogar in der Forderung: »Der Staat muss ein stehendes Heer von Bienen haben«. Seine Entdeckung wurde als so fantastisch betrachtet, dass ihm niemand Glauben schenkte und er dafür seine Stellung als Rektor der Spandauer Stadtschule verlor. Noch bis über die Mitte des 19. Jahrhunderts ging man davon aus, dass Selbstbefruchtung der Normalfall sei; sind doch die meisten Blüten zwittrig angelegt. Und selbst heute trifft man noch häufig Landleute, die Bienen und dergleichen »Geziefer« für unnütz halten.

Rund 90% unserer heimischen Flora zählt zu den sogenannten entomophilen (von Insektenbestäubung abhängigen) Pflanzen. Während sich einige Blüten tatsächlich selbst bestäuben können, sind andere auf die Übertragung von fremden Pollen einer anderen Blüte, einer anderen Pflanze oder gar einer anderen Sorte, z. B. bei Äpfeln, angewiesen (Selbststerilität). Würden aber die Pollen nur vom Wind übertragen werden, wie dies bei ausgesprochenen Windblütlern ausschließlich der Fall ist, so wäre das Befruchtungsresultat äußerst spärlich, wie unzählige Bestäubungsversuche ergeben haben. Es bliebe dem reinen Zufall überlassen, ob der in der Luft schwebende Pollen an die richtige »Adresse« gerät. Es nützt einer Kirschblüte wenig, mit einem Löwenzahnpollen bedacht zu werden, und umgekehrt. Hinzu kommt noch, dass der Blütenstaub entomophiler Pflanzen eigentlich nicht zum Fliegen ausgestattet und im Vergleich z. B. von Gräserpollen eher klebrig und schwerfällig ist.

Die Blüten sind zur Anlockung von Insekten mit zahlreichen Signalen versehen – die Blütenbesucher wiederum für diese Reize besonders empfänglich. Bunte, duftende Saftmale an den Blütenblättern bilden gewissermaßen die Wirtshausschilder, die zur Einkehr laden. In ihrer Vielgestaltigkeit und Buntheit sind sie für uns Menschen nicht immer sichtbar, da die Wellenlänge ihrer Farben häufig im Ultraviolettbereich liegt. Düfte und Farben weisen also die Bienen zu den Quellen von Nektar und Blütenstaub. Nun würde auch dies alleine noch nicht zur sicheren Pollenübertragung ausreichen, wenn nicht den Honigbienen eine ganz besondere Verhal-

Sprengel-Gedenkstein im Botanischen Garten Berlin-Dahlem mit Darstellungen aus Sprengels berühmtem Buch.

den Staubbeuteln am Ende weit empor- strecken, während die Nektardrüsen tief am Grund der Blüten verborgen liegen. Die Bienen müssen sich also mit ihrem Rüssel weit in den »Pollenrasen« hinein- bücken, um an den begehrten süßen Saft zu gelangen. Dabei bepudern sie sich über und über mit Blütenstaub. Eine andere Blüte streckt der Besucherin einzelne oder ganze Büschel von Griffeln entgegen, die geradezu auf die Aufnah- me eines winzigen Pollenkörnchens warten. Wie ein Wattebausch streicht die Biene mit ihrem dichten, einge- stäubten Haarpelz über die Griffel, die Vermehrungsorgane der Blüte, überträgt den Pollen und erhält dafür gewisserma- ßen als »Dankeschön« ein fast ebenso winziges Nektartröpfchen. Eine wahre Dressurleistung der Natur!

Da die Reife der Staubgefäße und des Pollen aufnehmenden Stempels zeitlich gegeneinander verschoben ist, wird eine Selbstbefruchtung bei den meisten Pflanzen verhindert. Andere Blüten schützen sich durch eine räumliche

tensweise eigen wärc: Sie besuchen während eines Sammelfluges immer nur die Blüten einer einzigen Pflanzenart. Diese Besonderheit wurde bereits von Aristoteles (384–322 v. Chr.), dem be- rühmten Lehrer Alexanders des Großen, erkannt: »Bei jedem Fluge geht die Biene nur an Blumen von gleicher Art, z. B. von Veilchen zu Veilchen und berührt keine andere, bis sie wieder zum Stock zu- rückgeflogen ist.«

Manche Blüten sind derart speziali- siert, dass sie den Weg zum begehrten Nektar nur freigeben, wenn die Insek- tenbesucher sich zuvor reichlich mit Pollen bepudert haben. Einmal ist es ein Hebelmechanismus, ein andermal eine Pumpe, die von den Bienen bei der Nek- tarentnahme betätigt wird und ihr Haarkleid am Rücken oder an der Bauch- seite kräftig einstäubt. Die Natur hält hier eine ganze Reihe von verblüffenden Techniken parat. Einfacher ist es bei den Korbblüten, die ihre Staubblätter mit

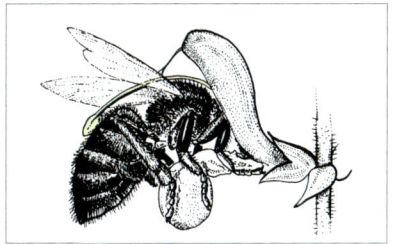

Ein Hebelmechanismus drückt der Biene den Pollen ins Haarkleid, den sie zur nächsten be- stäubungsbereiten Blüte trägt (Wiesensalbei).

Nur ein guter Bienenbesatz garantiert reichen Fruchtansatz.

Trennung von Staubblättern und Narben, verschieden langen Griffeln oder Pollenkörner bzw. Narbenpapillen unterschiedlicher Größe vor Selbstbefruchtung.

Bei blühenden Nutzpflanzen ist der Wert der Bestäubung durch die Honigbiene recht gut untersucht worden. Äpfel und Birnen könnten ohne eine Bestäubung durch Bienen nicht in ausreichender Menge und Qualität geerntet werden. Unzureichend befruchtete Äpfel oder Birnen sehen kümmerlich aus und ihr Kernhaus ist nur einseitig ausgebildet. Übrigens werden nicht nur äußere Qualitätsmerkmale wie Form und Größe der Einzelfrüchte über die Bestäubung durch die Bienen erheblich verbessert,

Sorten	Blüten je m Zweiglänge	Fruchtansatz	ausgereifte Früchte	
			mit Bienen	ohne Bienen
Hedelfinger	422	204	156	3
Sam	311	182	103	2

sondern auch deren Zucker- und Säuregehalt (1,8 bzw. 0,067% nach Ewert).

Kirschbäume bieten im Frühjahr, wie um den Winter zu verhöhnen, das Bild riesiger Schneeballen. Dieser Überfluss wird verständlich, wenn man weiß, dass trotz intensiver Bienenbestäubung nur aus 30 bis 40% der aufgegangenen Blüten letztendlich auch Früchte werden. Ohne Bienen sieht das Ergebnis wahrhaft kläglich aus, wie ein Versuch von Müller und Deger an der Staatsdomäne Karlsruhe-Augustenberg sehr ausdrücklich zeigt (siehe Tabelle unten).

Dieses Ergebnis ist nicht durch Zufall entstanden, sondern wurde schon in früheren Versuchen mit ähnlichen Resultaten belegt und ist jederzeit wiederholbar.

Auch Ölfrüchte profitieren erheblich vom Bienenbesuch zur Blütezeit. So können sich Sonnenblumen nur zu etwa 45% selbst bestäuben, der Rest muss von Bienen besorgt werden. Hinzu kommt, dass durch den Einfluss eines intensiven Bienenfluges der Fettgehalt der Ölsaat um etwa 7% höher liegt. Dass die Samenvermehrung vieler Pflanzenarten von den Bienen profitiert, er-

gibt sich beispielsweise aus der besonders hohen Wertschätzung der Imkerei in traditionellen französischen Saatgutvermehrungsgebieten, wie etwa dem Gebiet südlich von Orléans.

Auch bei Pflanzen, die normalerweise mit Selbstbestäubung auskommen, wie beispielsweise die Erdbeere, können bei regem Bienenflug erhebliche quantitative und vor allem qualitative Vorteile erzielt werden (siehe Tabelle unten).

Bei Erdbeeren wurde auch nachgewiesen, dass die Blüten bestimmter Sorten von den fleißigen Befruchterinnen bevorzugt werden und allein dadurch bessere Ernteresultate bringen. Der Erfolg für den Hobbygärtner, Obsterzeuger und Landwirt liegt demnach nicht nur in Düngung, Pflanzenschutz und züchterischem Pflanzenmaterial, sondern auch in der Blüten-Beliebtheitsskala bei den Bienen begründet.

Birnen gelten als ausgesprochen schlechte Nektarlieferanten, sie »belohnen« für die Bestäubung nur sehr gering. Die Bienen verlieren schnell die Lust an diesen Blüten und wenden sich ergiebigeren Quellen zu. Amerikanische Obstfarmer lassen sich deshalb zur Bir-

Sorte	Senga Sengana			Sivetta		
	Ausbildung der Früchte (%)					
Versuchsanordnung	gut	mittel	schlecht	gut	mittel	schlecht
frei abgeblüht mit Bienen	68	20	12	61	29	10
gezeltet mit Blüten	62	28	10	51	32	17
gezeltet ohne Blüten	34	28	38	32	30	38

nenblüte alle 3 Tage neue Bienenvölker bringen.

Der Flugkreis der Bienen eines Volkes beschränkt sich auf wenige Kilometer (gemessen wurden immerhin schon stolze 9 km), wobei sich die Flugintensität verständlicherweise mit jedem Meter verringert, den der Bienenstock weiter von der Trachtquelle entfernt steht. Man wird deshalb die Bienen am geschicktesten direkt in den Obstanlagen oder am Rapsfeld aufstellen, nicht nur um den größten Bestäubungsnutzen zu erzielen, sondern auch um den Bienen die besten Ertragschancen zu geben. Denn bei allzu großen Entfernungen zu den Nektarquellen müssten sie zu viel der erbeuteten Nahrung wieder als »Flugtreibstoff« verbrauchen.

Stehen die Völker direkt in einer blühenden Anlage, verringert sich der Flugradius der Sammelbienen, denn sie finden im Umkreis von wenigen hundert Metern genügend Nahrung. In größeren Anbaugebieten von mehr als einem Kilometer Ausdehnung sollten die Bienenstände möglichst gleichmäßig, in Gruppen von je 5 bis 20 Völkern, verstreut aufgestellt sein. Um die Bestäubung zu sichern, werden etwa 4 Völker je Hektar als ausreichend angesehen, aber auch eine höhere Besatzdichte ist durchaus möglich.

Bei der Aufstellung von Völkern in Obstanlagen sollte auch das Flugverhalten der Bienen berücksichtigt werden. So kann man immer wieder beobachten, wie sie vom Stock aus lieber entlang der jeweiligen Baumzeile fliegen, als diese zu wechseln oder gar mehrere Reihen zu überspringen.

Die Schwierigkeiten, die mit der Befruchtung der Birnen verbunden sind, lehren uns, die Bienen erst bei Blühbeginn in die zu bestäubende Kultur zu bringen. Unter ungünstigen Verhältnissen könnten sie sonst von interessanteren Nektarquellen an- und von unserer Kulturpflanze weggelockt werden. Jene wird zwar nie ganz verschmäht, die Intensität des Befluges kann aber doch stark beeinträchtigt werden.

Das Ausbringen von bienengefährlichen Pflanzenschutzmitteln in blühende Pflanzen (auch auf blühenden Unterwuchs) ist verboten. Bei Landwirten, Obst- und Hobbygärtnern ist hingegen wenig bekannt, dass Mittel, die für Bienen als ungefährlich gelten, in blühenden Beständen ausgebracht, abstoßend (repellent) wirken. Die Bienen werden von dem Geruch dieser Mittel häufig abgeschreckt. Den stinkenden Blüten ziehen sie dann andere, frisch duftende Blumen vor. Eine optimale Bestäubung der Kulturpflanzen wird dadurch infrage gestellt.

Zur Bestäubung den Bienen optimale Bedingungen anzubieten, sollte vor allem im Interesse des Obst-, Sonnenblumen- oder Rapsbauern liegen. In großen geschlossenen Obstbaugebieten sind die Bienen unentbehrlich geworden. Weitsichtige Bauern bemühen sich und honorieren die Aufstellung von Bienenvölkern. So wurde im Alten Land bei Hamburg 1949 die Bestäubungsleistung jedes Bienenvolkes mit DM 5,– vergütet. Heute liegt die Prämie bei nahezu € 40,–, wenn die Bienen von Anfang bis Ende der Blüte, zur Kirschen- und Apfelbefruchtung, stehen bleiben.

Auch die Vermietung von Bestäubungsvölkern für Gewächshäuser wird verschiedentlich praktiziert und von den Gärtnern reichlich entschädigt.

Im Sinne einer besseren Bestäubung der Blüten und guten Nahrungsversorgung der Bienen stellt man die Völker in Gruppen auf.

Bienen und Naturschutz

Was für die Befruchtung von Kulturpflanzen durch Insekten gilt, kann ohne Weiteres auch auf die Wildflora übertragen werden. Der moderne Mensch hat hier, wenn man einmal von einigen besonders naturverbundenen Sammlern wilder Beeren und Früchte absieht, keinen direkten Nutzen. Umso höher ist der Bestäubungswert für die Vermehrung und Arterhaltung vieler, oft auch seltener Pflanzen einzuschätzen. Die reichliche Vermehrung entomophiler Pflanzenarten kommt letztendlich auch wild lebenden Insekten wie Wildbienen, Hummeln, Schmetterlingen und vielen

anderen zugute. Ein nicht zu unterschätzender Faktor, der von einigen übereifrigen Naturschützern, die die Honigbiene gerne als Nahrungskonkurrenten der wild lebenden Insekten einstufen, meist übersehen wird. Diese Argumentation kann schon deshalb nicht stimmen, weil jede Insektenart ihre spezifischen Lebens- und Ernährungsgewohnheiten hat. Viele Blüten, die für Wildbienen sehr wichtig sind, werden von Honigbienen kaum oder überhaupt nicht beflogen (z. B. Rainfarn, Hahnenfuß, Holunder u. v. a.). So konnte ich schon beobachten, dass eine bestimmte Ahornart sehr stark von Wildbienen beflogen wurde, während sich die Honig-

Honigbienen befruchten Apfelblüten.

bienen nur für andere Blüten der Umgebung zu interessieren schienen. Überdies wird jeder alterfahrene Imker bestätigen können, dass im Bereich von Bienenständen neben der Honigbiene immer auch Wildbienen und Hummeln zu beobachten sind.

Von der gemeinsamen Bestäubungsarbeit aller Blütenbesucher profitieren in erster Linie viele Vögel und Kleinsäuger. Samenfrüchte in Hülle und Fülle sind die wichtigste Voraussetzung zum sicheren und gesunden Überleben vieler Vogelarten, nicht nur während der Vegetationszeit, sondern vor allem im harten Winter. Die überreifen und abgetrockneten Samen zahlreicher Hecken und Sträucher bilden dann oft die einzige Vollnahrung für diese Tiere, die zu einem großen Teil bereits als im Bestand gefährdet eingestuft werden müssen. Besonders Eberesche, Faulbaum, gemeiner Schneeball, Schlehen, Weißdorn, Eichen, Ahorn, Linden und Edelkastanien sowie viele Beerensträucher sind auf Insektenbestäubung angewiesen. Auch eine ganze Anzahl von Kleinsäugern, die

von Wildfrüchten leben, zählen zu den bedrohten Arten. Als Beispiel seien hier nur die Schläferarten genannt, die bekanntermaßen in der Nähe von Bienenständen besonders gut gedeihen. Und wo solch üppiges Leben herrscht, geht es natürlich auch denjenigen nicht schlecht, die sich von diesem Getier ernähren, also Greifvögeln und Kleinräubern wie beispielsweise das Wiesel. Eine artenreiche Pflanzenwelt bietet darüber hinaus dem Hoch- und Niederwild eine hervorragende Futtergrundlage, die nicht nur den Äsungsgewohnheiten der Tiere entgegenkommt, sondern auch eine wesentliche Voraussetzung zu ihrer Gesunderhaltung darstellt. Ohne Artenreichtum der Flora wäre daher auch eine ebenso vielfältige Tierwelt nicht möglich. Alles hängt eng zusammen und die Honigbiene spielt im Gesamtgefüge der Natur eine wesentliche Rolle.

Sind die Honigbienen auch nicht die alleinigen Bestäuber unzähliger Wild- und Kulturpflanzen, so verfügen sie doch über besondere Vorzüge. Die Blütenstetigkeit, die zur sicheren Pollenübertragung unerlässlich ist, haben wir schon angesprochen. Fast ebenso wichtig erscheint aber der Reichtum eines jeden Bienenvolkes an vielen Einzelindividuen zu sein. Als einziges Bestäubungsinsekt überwintert die Honigbiene im Volksverband von etwa 10 000 bis 15 000 Arbeiterinnen mit ihrer Königin. Bei den Hummeln überleben nur die Jungköniginnen die kalte Jahreszeit. Sie müssen im Frühling die erste Brut selbst aufziehen, bis sie später von den daraus

Goldgelbe Rapsfelder verwandeln eine sonst monotone Agrarlandschaft für wenige Wochen in ein Bienenparadies. ▷

schlüpfenden, viel kleineren Arbeiterinnen gepflegt und gefüttert werden und sich nun endlich ganz der Brut widmen können. Die übrigen Wildbienenarten leben einzeln. Sie entwickeln ihre Aktivitäten je nach Art zu unterschiedlichen Zeiten vom Frühjahr bis zum Sommer. Die »Schlagkraft« der Honigbienen, besonders im Frühjahr, liegt also auf der Hand. Wenn wir davon ausgehen, dass nur 1/3 des Stockes sich als Sammelbienen betätigt – die übrigen müssen die Königin mit ihrer neu angelegten Brut pflegen und wärmen –, so sind dies allein schon etwa 3000 bis 5000 Bestäuberinnen. Diese Sammlerinnen fliegen aber nicht aufs Geratewohl in der Gegend umher, sondern werden von Kundschafterinnen durch ein kompliziertes Nachrichtensystem auf eine besonders ergiebige Nahrungsquelle, die sogenannte Tracht, hingewiesen. Dies ist zugleich ein weiterer Sicherheitsfaktor zur gezielten Pflanzenbefruchtung, der besonders dann ins Gewicht fällt, wenn in einer lang anhaltenden Schlechtwetterperiode für kurze Zeit, oft nur wenige Stunden lang, gute Flugbedingungen herrschen. Hier kann ein Bienenvolk unter optimalstem Einsatz seiner Kräfte wahre Wunder vollbringen. Setzen wir bei einem Bienenstock 4000 Flugbienen voraus, die auf einem Ausflug je 72 Blüten (niedrigste geschätzte Anzahl) besuchen, so kommen wir auf fast 300 000 bestäubte Blüten in kurzer Zeit. Bei optimaler Witterung fliegt eine Sammlerin durchschnittlich 10-mal am Tag aus, was eine tägliche Bestäubungsleistung von 3 Millionen Blüten je Volk ergibt.

Nutznießer und Mitbewohner im Bienenstock

Wenig beachtet werden diejenigen Tiere, die vom Bienenvolk selbst, also nicht über den Umweg der Blütenbefruchtung, profitieren. Auch geschützte und seltene Arten sind darunter zu finden. Jeder Imker weiß, dass an einem güns-

Eifrig saugt die Biene den Nektar aus der Raps-blüte und lässt dabei Imker und Bauer eine hohe Ernte erwarten.

Ernährung ihrer Brut. Bei einer Attacke auf das stark bewachte Flugloch packen sie zielsicher eine der Wächterinnen, tragen sie wie die Gondel eines Zeppelins zu einem nahe gelegenen Ruheplatz, wo sie die Biene sorgfältig zerlegen. Kopf und Hinterleib werden mit den starken Mundwerkzeugen abgekappt und das Bruststück mit der wertvollen, eiweißreichen Flugmuskulatur zur Fütterung der Brut fortgetragen. Die in ähnlicher Weise lebenden, viel kleineren Wespen fliegen ihre Attacken auf das schwer bewachte Flugloch meist erfolglos. Nur in schwache Völker können sie eindringen, um Honig zu stehlen.

Vom Honig werden auch die eindrucksvollen Totenkopfschwärmer (*Acherontia atropos*) angelockt. Sie sind vor allem in südlichen Ländern zu Hause, verirren sich aber doch hin und wieder bis zu uns in den Norden. Als Raupen ernähren sie sich von Nachtschattengewächsen wie z. B. der Kartoffel, doch wird ihnen durch die Schädlingsbekämpfung das Leben und Überleben schwer gemacht. Die erwachsenen Schwärmer können sich nur von den süßen Säften ernähren, die an den Wunden verletzter Bäume austreten, oder sich in einen Bienenstock einschmuggeln, wo sie bis zu 50 g Honig aufnehmen; ein lebensgefährliches Unterfangen, dem oft die giftigen Stachel der Bienen ein Ende bereiten.

tigen Standort plötzlich so viele Spitzmäuse auftreten können, dass sie für die Bienen zu einer rechten Gefahr werden. Der naturverbundene Bienenfreund wird sich dagegen zu schützen wissen – ohne diese an sich sehr nützlichen Insektenfresser zu gefährden – indem er ihnen mit einem engen Gitter den Zugang zum Stock versperrt. Das plötzliche Überhandnehmen dieser Plagegeister ist einfach zu erklären: In der Umgebung eines Bienenstandes bietet sich den Spitzmäusen immer ausreichend Nahrung in Form von toten oder kranken, erschöpften oder überalterten Bienen.

Nicht nur für Spitzmäuse, Blindschleichen, Echsen und Vögel kommen Bienen als Nahrung infrage. Geradezu angewiesen auf Bienen ist z. B. der Bienenwolf (*Philanthus triangulum*) eine Grabwespe, die ihre Brut mit im Flug erbeuteten und durch einen Stich gelähmten Bienen ernährt. Auch Hornissen, in den nördlichen Landschaften Deutschlands bereits ausgestorben, erbeuten Bienen zur

Spinnen in vielerlei Arten sind an jedem Bienenstand zu Hause und führen wie selbstverständlich ein Leben wie im Schlaraffenland.

Die Krabbenspinne passt sich der Blütenfarbe an. Sie ernährt sich ausschließlich von überraschten Nektarsammlerinnen.

Die Samenvermehrung vieler Wildpflanzen ist von der Befruchtung durch die Bienen abhängig. Viele Wildfrüchte, wie die des Weißdorn, sind Nahrungsgrundlage zahlreicher Singvögel.

Als direkte Mitbewohner des Bienenstockes sind außerdem bekannt: Ameisen, die in für die Bienen unzugänglichen Nischen ihre Brut aufziehen und gelegentlich auch unbemerkt vom Honig zu erbeuten suchen; Bücherskorpione, die sich von weiteren Mitbewohnern, z. B. kleinen Wachsmottenlarven, Milben oder Bienenläusen ernähren; Speckkäfer, die es auf die Pollenvorräte abgesehen haben und auch Wachsmottenlarven als willkommene Beute nicht verschmähen.

In der Aufzählung nur der wichtigsten Nutznießer der Bienenhaltung lässt sich bereits die Bedeutung der Imkerei für den Naturhaushalt erkennen. Und dabei werden diese Tiere, die zumindest teilweise als »Schädlinge« gelten müssten, von naturverbundenen Imkern im sicheren Bewusstsein, dass von einem gesunden Bienenvolk viele leben können, keineswegs bejagt oder bekämpft. Eine Ausnahme bildet lediglich die Wachsmotte, die den nicht mit Bienen belegten Wabenvorrat völlig vernichtet und den Bestand einer Imkerei dadurch gefährden kann.

Abschließend sei daran erinnert, dass die Hälfte aller höheren Tier- und $\frac{1}{3}$ der höheren Pflanzenarten als im Bestand gefährdet gilt; bis zu 10% von ihnen sind bereits ausgerottet. Ein Ausfall oder Rückgang des Bienenbestandes, von deren Leistung und Überfluss viele dieser Arten direkt oder indirekt profitieren, würde diese Entwicklung zweifellos noch erheblich beschleunigen. Man kann also nur, wie es bereits schon Christian Conrad Sprengel vor rund 200 Jahren ausgesprochen hat, hoffen, dass wir immer ein ausreichendes, über das ganze Land gleichmäßig verstreutes »Heer« von Bienenvölkern haben werden.

Die Biene als Bioindikator

Wie wir gesehen haben, leben viele Pflanzen und Tiere durch und von Bienen. Fragen wir daher einmal umgekehrt: Ist die Biene denn heute überhaupt noch in der Lage, ohne Hilfe des Menschen zu leben? Wenn wir die Bienen als Gradmesser einer intakten Umwelt, im Sinne eines Bioindikators ein-

Eine reich strukturierte Landschaft mit Obstbäumen, Wiesen, Hecken und Wald bietet den Bienen gute Lebensbedingungen.

setzen würden, könnten wir sicherlich nur den wenigsten unserer Landschaften ein biologisches Gleichgewicht bescheinigen. Ohne die Hilfe der Imker müsste die Honigbiene, einst wild lebender Insektenstaat unserer Wälder, als im Bestand gefährdet, wenn nicht gar als ausgestorben gelten. Die ausgeräumte Landschaft unserer Monokulturen gibt nur mehr wenigen Pflanzen und Tieren Lebensraum. Und selbst die von den Imkern so sehr geschätzte Raps- und Obstblüte ist nur ein kurzer Traum. Anschließend muss man mit den Bienen durch Wanderung die Flucht vor Hungertod und Pestiziden ergreifen. Daher ist nicht nur an die »bienengefährlichen« Mittel zu denken, sondern auch an die sogenannten Herbizide, die außer den Nutzpflanzen nichts Blühendes tolerieren. Maschinengerechte Agrarlandschaften dulden weder Bäume und Hecken, und selbst die Wege sind steril betoniert. Oftmals legt das Engagement der Imker Missstände beim Umgang mit unserer Landschaft und mit Umweltchemikalien offen, denen als erste Wildbienen, Schmetterlinge und Hummeln ganz unbemerkt zum Opfer fallen würden. Hier scheint in der Landwirtschaft ein Umdenken im Gang zu sein. Mit blühenden Ausgleichsflächen arbeitet man doch zumindest an einem besseren Erscheinungsbild.

Ein englisches Team von Umweltforschern erteilte der Honigbiene als Bioindikator, unter einer ganzen Reihe anderer Tiere, die beste Note. Sie reagieren sehr empfindlich auf naturwidrige Einflüsse und unterstehen der ständigen Obhut der Imker. So führten in der Vergangenheit Industrieemissionen von Superphosphatfabriken, Glashütten oder Aluminiumwerken zu giftigen Ablagerungen auf Pflanzen, die ein Bienensterben verursachten. Und dies war wiederholt der Anlass, dass solche Umweltvergiftungen durch den Einbau von Filteranlagen abgestellt bzw. reduziert wurden.

Biologie der Bienen

Die Bienen und ihre Verwandtschaft

Angesichts der fast unüberschaubaren Vielfalt des Tier- und Pflanzenreiches ist es nicht verwunderlich, dass der Ordnungssinn des Menschen sich um eine systematische Gliederung bemühte. In dieser sogenannten Nomenklatur ist es gar nicht so einfach, die Bienen zu finden. Sie zählen zur Klasse der Insekten, die mit über 750 000 Arten mehr Vertreter unter sich vereinigt, als alle anderen Tiergruppen zusammen. Unter den zahl-

Sie sind nicht so gefährlich wie ihr Ruf: Hornissen in ihrer kunstvollen »Papierburg«.

reichen Ordnungsgruppen der Insekten stoßen wir nun auf die Ordnung Hymenoptera, was so viel bedeutet wie: Hautflügler. Und da Bienen bekanntlich stechen, sind sie auch bei der Unterordnung Stechimmen (Aculeata) zu finden. Familien dieser Unterordnung sind: Ameisen (Formicoidea), Wespen (Vespoidea) und Bienen (Apoidea).

Es ist erstaunlich, dass sich hier gleich drei Vertreter der im Tierreich sehr seltenen Staatenbildung zusammengefunden und alle voneinander unabhängig diese Art des Zusammenlebens entwickelt haben. Sie werden an perfekter Organisation nur noch von den tropischen Termiten (Isoptera) überboten, die zu den schabenartigen Insekten (Blattopteroidea) zählen.

Während Ameisen durchweg in Staaten leben, führen viele Wespen und Bienen ein Eremitendasein. Außerdem gibt es auch etliche Übergangsformen. In unserem gemäßigten Klima sind es neben den Ameisen auch nur die Honigbienen, die diese Lebensform ganzjährig, also auch im Winter überdauern. Bei allen anderen sozialen Insekten überleben nur die jungen, begatteten Weibchen (Königinnen) die kalte Jahreszeit.

Die Nestmaterialien der Staaten bildenden Insekten sind sehr unterschiedlich. Die imposanten Hügel der roten Waldameise (*Formica rufa, Formica polyctena* u. a.) sind aus Koniferennadeln, unterschiedlichsten Pflanzenteilen und mit

Speichel befestigtem Erdmaterial über einem alten Wurzelstock aufgeschichtet, in dem die Brutkammern angelegt werden. Manchmal wird die oberste Schicht des Haufens zum besseren Schutz vor Regen und Schmelzwasser mit Baumharz versetzt. Andere Ameisen bauen mit Erde oder Sand oder graben einfach ihre Wohngänge in Holz.

Die Papierwespen (z. B. *Vespa media, Vespa germanica*), insbesondere aber die Hornissen *(Vespa crabro)* gelten als die Erfinder des Papiers. Verwittertes Holz wird von ihnen zernagt, mit klebrigem Speichel versetzt und zu kunstvollen Waben verarbeitet. Baustoff und Konstruktion vereinigen ein möglichst geringes Gewicht mit höchster Tragfähigkeit und erlauben so die Errichtung gewaltiger »Wespenburgen« von bis zu 40 cm Durchmesser. Die Waben hängen in einigem Abstand, durch kleine Säulen

Wildbienen sind meist kleiner als Honigbienen. Oft besuchen sie Blüten für die sich ihre größeren Vettern kaum interessieren, wie dieser winzige Storchenschnabel.

verbunden, horizontal übereinander. Jede Wabe ist nur einseitig mit Zellen versehen, die sich nach unten öffnen.

Die sozialen Bienen, also Honigbienen und Hummeln, bauen mit Wachs, das sie aus Körperdrüsen an der Unterseite des Hinterleibes absondern und mit den Mundwerkzeugen (Mandibeln) verarbeiten. Wie wir noch sehen werden, sind die Honigbienen hierin wahre Meister. Die Hummeln begnügen sich mit einfachen Konstruktionen, die man als Töpfe oder Krüge bezeichnen könnte. Darüber hinaus verwenden sie trockenes Moos, Federn oder Haarmaterial, das sie zum Polstern und Isolieren des kaum faustgroßen Nestes zusammensammeln.

Außer der in menschlicher Obhut befindlichen Honigbiene leben bei uns etwa 500 weitere Bienenarten, wobei es sich meistens um sogenannte Solitärbienen handelt. Sie führen ein Einsiedlerdasein und sind Experten in der Nutzung unterschiedlichsten Baumaterials. Oft suchen sie einfach nur passende Höhlungen in Holz (z. B. Insektenfraßgänge), oder graben diese selbst in Lehm oder Löss, um ihre Brutkammern anzulegen. Andere nehmen mit hohlen, trockenen Pflanzenstängeln vorlieb, während einige Mauerbienen partout nur in leere Schneckenhäuschen einziehen wollen. Verbaut wird lockerer Sand ebenso wie Blattstücke (Blattschneiderbiene), Blütenblätter (Mohn-Mauerbiene) oder Pflanzenwolle (Wollbiene). Viele Arten zählen auch zu den Kuckucksbienen. Sie fangen erst gar nicht an zu bauen, sondern legen ihre Eier wie ein Kuckuck in die Nester ihrer Vettern und lassen sie von ihnen auch noch versorgen. Hier besteht oft sogar ein Abhän-

Es gibt viele Methoden, die Wildbienen auch im eigenen Garten oder auf dem Balkon zu fördern.

gigkeitsverhältnis, sodass der Tod der einen Art auch das Aussterben der anderen bedeutet.

Neben den Solitärbienen wäre noch eine weitere, wenn auch wesentlich kleinere Gruppe zu nennen, die bereits Ansätze zum Gemeinschaftsleben aufweist. Zu ihr gehören die Furchenbienen, die die kunstvollsten Nestbauten errichten, indem sie nicht wie ihre Verwandtschaft Millimeter um Millimeter Baumaterial in gewünschter Form auftragen, sondern nach dem Prinzip eines Bildhauers so viel Lehm im Boden abtragen, bis die gewünschte, sehr feingegliederte Wabe mit ihren umgebenden Lüftungskammern entstanden ist.

Es ist überaus interessant, sich mit Wildbienen zu befassen. Einschlägige Fachliteratur gibt Anregungen zu Nisthilfen und zur Verbesserung des Nah-

rungsangebotes, wie sie jedermann, selbst dem Stadtmensch im Hochhaus, möglich ist. Besonders Kindern kann die Beobachtung dieser absolut harmlosen Insekten (sie stechen wirklich nur, wenn man sie anfasst oder drückt) Naturphänomene näher bringen und verständlich machen.

Die direkten Verwandten unserer Westlichen Honigbiene (*Apis mellifera*) gehören der Gattung *Apis* an und sind alle in Asien zu finden. Es sind dies die Östliche Honigbiene (*Apis dorsata*) und die Zwerghonigbiene (*Apis florea*). Die Östliche Honigbiene ist ihrer westlichen Schwester im Bau und Verhalten sehr ähnlich. Was bei ihr jedoch besonders auffällt, sind die kleineren Kolonien und das ausgeprägte Gruppenverteidigungsverhalten, das sie bei Bedrohung durch Feinde, insbesondere die in ihrer Heimat

Riesenhonigbiene beim Blütenbesuch.

sehr stark auftretenden Hornissen *(Vespa orientalis)*, erst überlebensfähig macht.

Zur Berühmtheit wurde *Apis cerana* durch die Milbe *Varroa jacobsoni*. Sie hat sich im Gegensatz zur Westlichen Honigbiene durch Jahrtausende des Zusammenlebens an diesen Parasiten angepasst. Zwerg- und Riesenhonigbiene

unterscheiden sich nicht nur durch ihre Größe von unseren heimischen Honigbienen sehr stark. Die eine ist wesentlich kleiner, die andere viel größer als *Apis mellifera*. Vielmehr fallen beide dadurch auf, dass sie je Volk nur eine Wabe bauen, die sie an einem entsprechenden Ast eines Baumes oder unter einem Felsvorsprung befestigen. Sie suchen also keine schutzbietenden Höhlungen auf und müssen deshalb die gesamte Wabe, die bei *Apis dorsata* bis zu 1 m² groß werden kann, mit ihren Bienenleibern dachziegelartig bedecken.

Bei Riesenhonigbienen wurden schon bis zu 100 Kolonien an nur einem Baum beobachtet. Das können sie sich nur

Riesenhonigbienen bauen sich eine einzige Wabe, deren Honig und Brut sie mit ihren Leibern dachziegelartig schützen.

deshalb leisten, weil sie ausgedehnte Wanderungen unternehmen, sobald das Nahrungsangebot versiegt. Zwerghonigbienen unternehmen nur kleine Ortswechsel: im Hochsommer an schattige Plätze, zur kühleren Jahreszeit an die Sonne. Dabei tragen sie zur sparsameren Ausnutzung des Wachses die alte Wabe ab und transportieren sie in kleinen Klümpchen an den Hinterbeinen wie Pollenhöschen. Sie sind recht zahm und lassen sich leicht den Honig stehlen, der im Verbreitungsgebiet von *Apis florea* als der Beste gilt und am höchsten bezahlt wird.

Riesenhonigbienen lassen sich nicht so leicht überrumpeln. Spezialisierte Honigjäger können nur im Schutz der Nacht an ihre Beute gelangen, denn ihre Aggressivität ist bekannt. Wie auf Kommando stürzen sich die nach Tausenden zählenden Bienen auf die Angreifer, die einzige wirksame Taktik bei einem Wohnplatz unter freiem Himmel. Obwohl es bislang noch nicht gelungen ist, die Riesenhonigbiene durch planmäßige Haltungsmethoden nutzbar zu machen, stammte z. B. noch 1950 etwa 75% der Honigproduktion und 1960 etwa 80% der Wachsproduktion Indiens von *Apis dorsata*.

Doch nun zur Westlichen Honigbiene. Ihr natürliches Verbreitungsgebiet ist ganz Europa, Vorderasien und der afrikanische Kontinent. Durch eiszeitliche Klimaverschiebungen und natürliche Grenzen, wie der Alpengürtel, Insellagen oder Wüstengebiete, entstanden geografische Rassen, deren Verbreitungsgrenzen jedoch durch den Einfluss des Menschen, von einigen Ausnahmen abgesehen, weitgehend verschoben wurden.

Nördlich der Alpen war es vor allem die dunkle Biene *(Apis mellifera mellifera)*. Sie wird zwar auch Deutsche Biene genannt, kommt im deutschsprachigen Raum aber nur noch in der Schweiz vor und wird von unentwegten Züchtern als »Nigra« gepflegt und von deren Gegnern abfällig als »Landrasse« bezeichnet. Im Übrigen ist Frankreich und die Iberische Halbinsel als Heimat dunkler Bienenrassen bekannt, und als *Apis mellifera intermissa* besiedeln sie sogar den nordafrikanischen Raum.

Südlich des Alpengürtels bildet der italienische »Stiefel« als Halbinsel ein natürliches »Zuchtgebiet«, in dem die Italiener Biene *(Apis mellifera ligustica)* entstand. Mit ihrer hellen Färbung, die von Braun bis Gelb variiert, hat sie als favorisierte Biene der Imker die ganze Welt erobert. In Europa, bis nach Skandinavien, und auf dem gesamten amerikanischen Kontinent hat sie Liebhaber gefunden. An Anpassungsfähigkeit ist diese Biene unerreicht, wenngleich ihr unsere Klima- und Trachtverhältnisse scheinbar wenig zusagen.

Im südöstlichen Alpengebiet liegt der Ursprung der grauen Krainer Biene *(Apis mellifera carnica)*. Sie war den Erfordernissen der deutschen Imkerei der Vor- und Nachkriegszeit angepasst, wurde favorisiert und verdrängte die heimische Bienenrasse völlig. In den meisten emotionsgeladenen Diskussionen unter Imkern wird diese Tatsache häufig außer Acht gelassen. Sie ist als sanftmütig aber schwarmlustig bekannt.

Östlich an das *Carnica*-Gebiet, das sich bis nach Ungarn, Rumänien und Bulgarien erstreckt, schließt sich die Heimat der Kaukasischen Biene *(Apis mellifera caucasica)* an, die äußerlich der

Krainer Biene ähnlich ist, jedoch eine uneinheitlichere Färbung aufweist und durch unmäßige Verwendung von Kittharz (Propolis) auffällt, was die imkerliche Arbeit unangenehm erschwert.

Über Afrika wäre ebenso zu berichten. Hier lebt südlich des Wüstengürtels die etwas kleinerwüchsige *Apis mellifera adansonii*. Sie ist zum Schutz vor vielen natürlichen Feinden wesentlich wehrhafter als unsere Bienen, was sich nicht besonders günstig auf den Umgang mit ihr auswirkt. Berühmtheit erlangten 26 Schwärme dieser Rasse, die in Rio Claro, São Paulo (Brasilien), zu Versuchszwecken in Quarantäne gehalten wurden. Durch eine Unvorsichtigkeit konnten die wanderlustigen Schwärme entkommen, vermischten sich mit den bislang zur Honigerzeugung gehaltenen europäischen Bienenrassen, deren Nachkommen sich in einer Geschwindigkeit von 300 bis 500 km jährlich auf dem Südamerikanischen Kontinent verbreiteten. Die Nachrichten von den »Killerbienen« verbreiteten sich noch schneller in alle Welt. Unter diesen Horrormeldungen hatte auch das Image unserer sanftmütigen europäischen Honigbienen zu leiden. Immer mehr haben Imker mit überempfindlichen Nachbarn zu tun, denen seither schon beim Anblick einer Biene der kalte Schauer über den Rücken läuft. Die afrikanisierten Bienen Südamerikas, die zwischenzeitlich die Tore der USA erreicht haben, zeigen ein sehr genügsames Verhalten. Sie nisten in den teilweise hohlen Denkmälern der Millionenstädte, in Behältern auf Müllkippen, in Autowracks oder in Briefkästen. Sie sind einfach überall und durch ihre Vermehrungsfreudigkeit auch häufig anzutreffen. Überraschende Störungen durch ahnungslose Laien können durchaus auch einen Angriff auslösen. Da diese Völker unmäßig Königinnen und Drohnen erzeugen, die auch noch früher ausfliegen als ihre europäischen Vettern, sind sie bei einer Paarung deutlich im Vorteil. Durch einen Prozess natürlicher Auslese wurde die »zahme« und »träge« europäische Biene fast völlig verdrängt: Ein Paradebeispiel dafür wie Evolution funktioniert, vorgeführt am wohl größten (ungewollten) biologischen Versuch aller Zeiten.

Der Honigertrag dieser Bienen, für viele Entwicklungsländer Südamerikas ein wesentlicher Wirtschaftsfaktor, wird unterschiedlich bewertet. Manche berichten von besseren, andere wieder von katastrophalen Ernten. Gleichgültig wie der Honigsegen ausfällt – es bleibt nur zu hoffen, dass wir in Europa von derartigen Bienen verschont bleiben.

Als afrikanische Besonderheit sei noch die Kapbiene (*Apis mellifera capensis*) erwähnt, die unter allen *Mellifera*-Arten eine Sonderstellung einnimmt. Ihr Name verweist auf das südlichste Afrika. In einer Kolonie der Kapbiene ist nicht nur die Königin, sondern sind auch Arbeiterinnen, sogenannte Pseudo-Weiseln, in der Lage, diploide Eier zu legen. Das bedeutet, dass sich daraus ganz normale Arbeiterinnen entwickeln. Unsere Honigbienen können bei Verlust der Königin zwar auch Eier legen, bringen daraus jedoch nur Drohnen hervor. Kapbienen können sich aber durch diese besondere Fähigkeit nicht nur den Volksbestand nach dem Tod der Königin sichern, sie sind auch in der Lage, sich in Völker anderer Rassen, z. B. *Apis mellifera adansonii*, einzuschmuggeln. Dort bilden sie einen kleinen Hofstaat, oder sollte man sagen eine »Umsturzbewegung?« Nach und nach ziehen sie ihre Anhängerschaft aus der eigenen Brut auf, bis die Unterwanderung so weit gediehen ist, um die »Macht« zu übernehmen.

Unter den bei unseren Imkern gehaltenen Bienenrassen sollte die Buckfastbiene nicht unerwähnt bleiben. Ihre Anhänger bezeichnen sie als Kunstrasse, von ihren Gegnern wird sie gerne als Hybrid- oder Bastardbiene abqualifiziert. Sie wurde von Bruder Adam (1898–1996), einem aus Württemberg stammenden Benediktinermönch am Kloster Buckfast/England aus verschiedenen Bienenrassen gezüchtet. Bruder Adam gehörte zu den besten Kennern aller Bienenrassen der Welt. Seine Biene, im äußeren Erscheinungsbild uneinheitlich von Lederbraun bis Grau gefärbt, ist auch nach Kreuzungen mit *Carnica* immer noch

sanftmütig und zeichnet sich vor allem durch ihre Schwarmträgheit aus. Sie ist für Blütentrachten ganz besonders geeignet, verlangt aber vom Imker in allem eine großzügige Behandlung.

Körperbau

Wie bei allen Hautflüglern ist der Körper der erwachsenen Honigbiene durch die scharfen Einschnitte zwischen Kopf und Brust sowie Brust und Hinterleib, der sprichwörtlichen »Wespentaille«, gekennzeichnet. Die Körperhülle aus Chitin gibt dem Insekt Form und Halt und bildet gewissermaßen ein Außenskelett. Es ist etwa mit einem knochenlosen Ritter vergleichbar, den nur seine Rüstung aufrecht hält. Der Chitinpanzer besteht aus einer Vielzahl kleinster Einzelteile, die durch feine Häutchen miteinander

Im Pollenkörbchen der Hinterbeine sammelt die Honigbiene ihre Eiweißnahrung in Form eines »Höschens«.

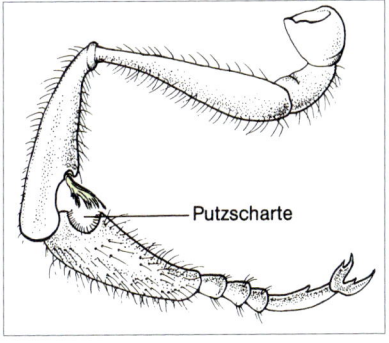

Die Vorderbeine besitzen eine Putzscharte zur Reinigung der Fühler (siehe auch Seite 41).

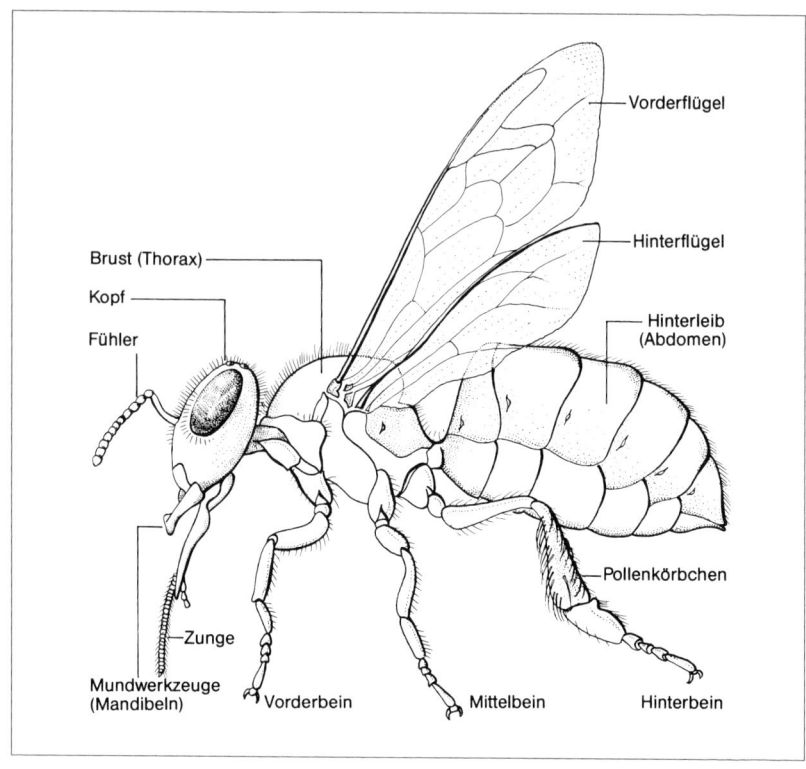

Brust (Thorax)
Kopf
Fühler
Vorderflügel
Hinterflügel
Hinterleib (Abdomen)
Pollenkörbchen
Zunge
Mundwerkzeuge (Mandibeln)
Vorderbein
Mittelbein
Hinterbein

verbunden sind, was ihn mehr oder weniger beweglich macht. Die Segmente des Kopf- und Brustabschnittes sind eher fest miteinander verbunden, während der Hinterleib besonders beweglich gestaltet ist. Dies erlaubt der Biene nicht nur den flinken und geschickten Gebrauch des Stachels, sondern ermöglicht ihr auch eine beachtliche Ausdehnung des Hinterleibes bei gefülltem Honigmagen im Sommer oder im Winter bei Erweiterung der Kotblase durch mangelnde Fluggelegenheit. Die starke Behaarung ist nicht nur wichtig für den Wärmehaushalt, teils bildet sie Sensoren für die überaus feinen Sinne zur Wahrnehmung von mechanischen, chemischen und anderen Reizen, teils ist sie zu speziellen Werkzeugen ausgeformt. An den vorderen der drei Beinpaare befindet sich eine stark behaarte Einbuchtung, die Putzscharte, mit welcher die Biene ihre Fühler sauber hält. Insbesondere am Stockausgang ist die typische Putzbewegung der startenden Flugbienen schön zu beobachten. Es sieht aus, als würden sie sich mit dem Arm übers Gesicht wischen.

Die Hinterbeine der Arbeiterin ermöglichen durch die besondere Haarausfor-

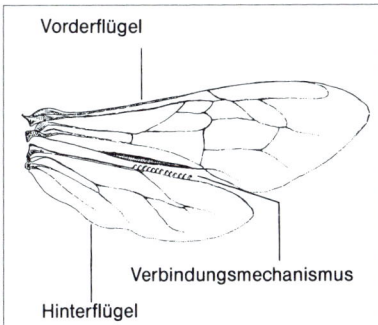

Vorderflügel

Verbindungsmechanismus

Hinterflügel

Ein raffinierter Verbindungsmechanismus macht aus zwei Flügeln eine stabile große Tragfläche.

mung das Ausbürsten des im Haarkleid haftenden Pollens auf so geschickte Weise, dass sich die auffallend bunten und dicken Höschen bilden. Überhaupt scheint das Sammeln von Blütenstaub und seine Übertragung von Blume zu Blume die Hauptaufgabe des Bienenpelzes zu sein. Übrigens bekommen Bienen, ähnlich wie manche Leute eine Glatze, wenn sie in die Jahre kommen. Das können sie sich gut erlauben, denn nur junge Flugbienen sammeln Pollen.

Um diese Aufgabe bestens zu erfüllen, sind sie mit einem erstaunlichen Flugapparat ausgestattet. Das Prinzip des Senkrechtstarters ist in der apistischen Aerotechnik ebenso vorhanden wie die einklappbaren Tragflächen eines Marine-Jets. Die Biene kommt mit ihren zwei Flügelpaaren nicht nur in der Enge

einer Wabenzelle zur Welt, sie muss auch als Stockbiene darin arbeiten, indem sie putzt und junge Brut füttert und manchmal dient ihr die leere Zelle auch als Ruhelager. Die Flügelpaare können hierzu eng an den Körper angelegt werden. Zum Abflug bereit sind Vorder- und Hinterflügel nach dem Prinzip eines Reißverschlusses schnell und fest miteinander verbunden. Dabei greift eine Reihe feiner Häkchen des Hinterflügels in einen dazu passenden Wulst des Vorderflügels ein. Die hauchdünnen, durchsichtigen Flügel sind von einer feinen Äderung durchzogen. Sie bringt die Tragflächen am Ende der Entwicklungsphase einer Biene in der Brutzelle zur Entfaltung und verleiht ihnen nach der Aushärtung die notwendige Stabilität. Das Muster dieser Äderung ist so präzise, dass es bei der Beurteilung von Bienenrassen herangezogen werden kann. Die Flugleistung der Biene liegt zwischen 20 und 30 km/h, die zu Flugmanövern auch kurzzeitig auf Null abgesenkt werden kann. Der »Antriebsmotor« liegt im Brustraum in Form von kräftigen Muskelpaketen. Die Flügel

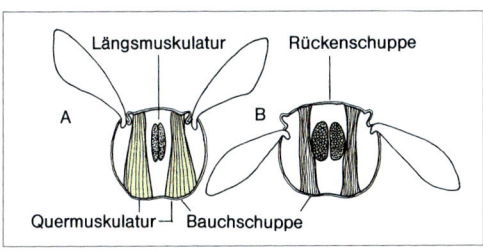

Längsmuskulatur   Rückenschuppe

A   B

Quermuskulatur   Bauchschuppe

Längs- und Quermuskulatur kontrahieren wechselweise und bringen zwischen Rücken- und Bauchschuppen die Flügel in Bewegung.

sind in diesem Bereich zwischen Rücken und Bauchschuppe eingekeilt. Durch schnelle Kontraktion der Muskeln verändert sich der Abstand zwischen beiden, wodurch die Flügel in einer Geschwindigkeit von 75 bis 150 Schlägen pro Sekunde in Bewegung geraten. Stockbienen, die nicht oder nur wenig fliegen, setzen die Flügel zur Belüftung des Stockes ein. Dabei verteilen sie den Stockgeruch vom Flugloch aus in die nähere Umgebung und bilden für die heimkehrende Flugbiene damit eine gute Orientierungshilfe im Sinne des Leuchtfeuers einer Flugzeuglandebahn. Mit den Flügeln gelingt es den Bienen auch bestimmte Laute zu erzeugen, die jedoch nur wenig erforscht sind.

Wir haben gesehen, dass eine Biene zu beachtlichen Sinnesleistungen in der Lage ist. Dazu ist sie auch reich mit hoch spezialisierten Organen ausgestattet, wie sie im Luftverkehr notwendig sind: Treibstoffkontrolle, Messung von Wind- und Fluggeschwindigkeit, Luftfeuchtigkeit und Temperatur, der magnetischen und elektrischen Felder, der Gravitation der Erde und vielen bislang noch nicht untersuchten Fähigkeiten.

Besondere Leistungen ermöglichen die Bienenaugen, die gewissermaßen einen Sonnenkompass bilden. Zwischen den großen Komplexaugen liegen drei Punktaugen (Ozellen), die als auf der Spitze stehendes Dreieck angeordnet sind. Sie dienen hauptsächlich der Messung der Lichtintensität und helfen der Biene bei der Einschätzung des richtigen Flugbeginns und -endes. Die auf-

Das stark behaarte Facettenauge der Arbeiterin.

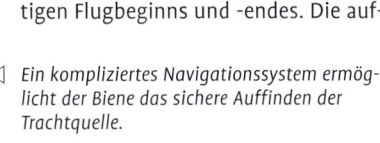

Ein kompliziertes Navigationssystem ermöglicht der Biene das sichere Auffinden der Trachtquelle.

fallenderen Facettenaugen bestehen bei der Königin aus 4000, bei den Arbeiterinnen aus 5000 und bei den Drohnen aus 8000 Einzelaugen, so genannte Ommatidien. Sie erlauben durch ihre keilförmige Anordnung eine Orientierung nach allen Seiten, ohne dass der Kopf bewegt werden muss. Allerdings geben sie die Umwelt nur in ganz grobem Raster wieder. Man kann sich dieses Bild etwa wie ein überaus schlechtes Foto aus der Tageszeitung vorstellen, das sich unter der Lupe als eine Aufteilung der Fläche in helle und dunkle Punkte darstellt. Die Farbwahrnehmung der Bienen

Kopf des Drohn mit seinen riesigen Facetten- und den Einzelaugen auf der Stirn.

Sonne selbst unsichtbar bleibt. Und durch einen weiteren Vorzug werden die eher nachteiligen Eigenschaften des Bienenauges wettgemacht: Es reagiert etwa 4-mal schneller als unser eigenes. Wer hat noch nicht den vergeblichen Versuch unternommen, eine Stubenfliege zu fangen? Ihr Auge funktioniert ähnlich wie das der Honigbiene.

Ist die Biene für die Orientierung in freier Natur bei hellem Licht recht gut ausgestattet, so nützt ihr ein noch so gutes Auge oder derer Tausende recht wenig in der Dunkelheit des Stockes. Auch hier sind komplizierte Arbeiten zu verrichten und auch die Kommunikation untereinander muss funktionieren. Hierbei erfüllen die Antennen oder Fühler eine wichtige Aufgabe. Diese Organe verbinden den empfindlichen Tastsinn mit noch empfindlicherem Riechvermögen und geben so der Stockbiene einen Eindruck vom Innenleben ihres Volkes. Diese ungewöhnliche Kombination von Sinneswahrnehmungen bezeichnet man auch, analog zu unserem plastischen Sehen, als »plastisches Riechen«. Die Antennen sind an ihren Endgliedern mit vielen tausend, größtenteils spezialisierten, Rezeptoren versehen. So wurden bei Königinnen 3000, bei Arbeiterinnen 6000 und bei Drohnen gar 30 000 solcher Reizempfänger festgestellt. Dies sind die Hilfsmittel, mit denen die Sammlerin ihre Blüte und der Drohn die Königin zur Begattung findet. Neben

ist im Vergleich dazu nur schwer vorstellbar. Sie sind für Dunkelrot blind, sehen dafür aber Farben im UV-Bereich und können diese sogar besonders gut unterscheiden. Bei aller Unschärfe des Sehens ist den Bienen dennoch die Orientierung im Raum und die Differenzierung von Formen und Größen bei Suchflügen möglich. Mehr noch – sie erkennen das Polarisationsmuster des Himmels und finden so die Trachtquelle und wieder nach Hause, auch wenn die

Eine Arbeiterin saugt mit ihrem Rüssel einen Honigtropfen auf. Die Mundwerkzeuge klaffen dabei auseinander und ganz nebenbei wird ein Fühler durch die Putzscharte des Vorderbeines gezogen; diese hochempfindlichen Sinnesorgane dürfen keinesfalls verkleben. ▷

außerordentlich diffizilen Düften werden über die Antennen auch Werte für Feuchtigkeit, Temperatur und Kohlendioxidgehalt der Luft ermittelt, was besonders bei der Klimatisierung des Stockes von höchster Wichtigkeit ist.

Nicht ganz so empfindlich wie der Geruchs- ist der Geschmackssinn, der auf Süßes schwächer reagiert wie unser menschlicher. Dies verhindert das Eintragen zu wässriger und damit nicht lohnenswerter Nektarlösungen. Mit dem Rüssel nimmt die Sammelbiene den süßen Stoff auf und pumpt ihn über Schlund und Speiseröhre in die Honigblase. In Ruhestellung bleibt der aus fünf komplizierten Einzelteilen zusammengelegte Rüssel über ein Scharnier eingeklappt. Eine Öffnung an der Zungenwurzel bildet dann die sogenannte Futterrinne zur Futterübergabe von einer Biene zur anderen. Die Rüssellänge variiert unter den Bienenrassen, was bei der Nutzung von Blüten mit tiefen, engen Röhren (z. B. Rotklee) von Bedeutung ist. Dunkle Bienen sind hierbei im Nachteil.

Vor dem Rüssel befinden sich die Mundwerkzeuge, auch Mandibeln genannt. Zwei gegeneinander arbeitende Schaufeln führen zangenförmige Bewegungen aus und ermöglichen den Bienen das Zerkleinern fester Nahrung, z. B. Pollen, und die Bearbeitung von Baustoffen wie Wachs und Kittharz. Dies beginnt bereits beim Ausschlüpfen der Jungbiene aus der Zelle. Nur mit den Mandibeln können sie sich aus dem Gehäuse ihrer Geburt befreien. Nicht zuletzt ersetzen sie auch gewissermaßen die Hände beim Reinigen des Stockes. Und vor dem heldenhaften Einsatz des Stachels versucht die Biene auch manchmal mit Zwicken und Kneifen einen Störenfried loszuwerden.

Die Aufnahme von Nahrung erfolgt über Schlund und Speiseröhre in den Honigmagen, dem eigentlichen »Transportbehälter« für Nektar oder Honigtau und auch für Wasser. Das Transportgut kann jederzeit wieder ausgewürgt werden, ohne dass eine Verdauung erfolgt wäre, sei es, dass eine Wabenzelle damit gefüllt wird oder um Nahrung an andere Stockbienen abzugeben.

Das ständige gegenseitige Füttern, auch sozialer Futteraustausch genannt, führt dazu, dass alle Bienen eines Volkes gleichmäßig mit Futter versorgt sind. Gibt man einen spezifischen Stoff in einen Stock, ist dieser nach etwa vier bis sechs Stunden auch bei der letzten Biene angelangt. Allein mit diesem Sozialmagen kann sich die Einzelbiene jedoch noch nicht nähren. Die Futterstoffe müssen dazu erst in den eigentlichen Verdauungstrakt gelangen. In die Honigblase, die etwa 60 mm^3 Flüssigkeit aufnehmen kann, ragt ein Ventiltrichter als Verbindung zum Mitteldarm. Hat die Biene Hunger, greift sich sein kreuzweise angeordneter »Mund« insbesondere feste Bestandteile, z. B. Pollen und andere Schwebestoffe aus dem Honigblaseninhalt heraus. Der in den Mitteldarm

Der Verdauungstrakt der Honigbiene beginnt erst beim Ventiltrichter, ihrem eigentlichen »Mund«. Dieses »Rückschlagventil« sichert den Honigblaseninhalt gegen Verunreinigungen. In der gesamten Leibeshöhle befindet sich Haeomolymphe, welches durch den Herzschlauch in Zirkulation gehalten wird. Sie transportiert die Nährstoffe zu den einzelnen Organen und die Abfallstoffe zu den Malphighischen Gefäßen. Gehirn und Nervenzellen dienen der Steuerung und der Reizweiterleitung.

eingeschleuste Honig liefert die Energie. Das Fantastische dieser Einrichtung ist, dass ein Zurückfließen von Verdauungssekreten vom Mitteldarm zur Honigblase damit verhindert wird. Dies garantiert die absolute Sauberkeit des Honigs und seine enorme Haltbarkeit.

Die Verdauung im Mitteldarm, bei der mindestens 13 Bakterienarten beteiligt sind, läuft verhältnismäßig rasch ab. Der Darminhalt wandert durch einen Schließmechanismus, der eine portionsweise Abgabe ermöglicht, in den Dünndarm ein und gelangt von hier weiter

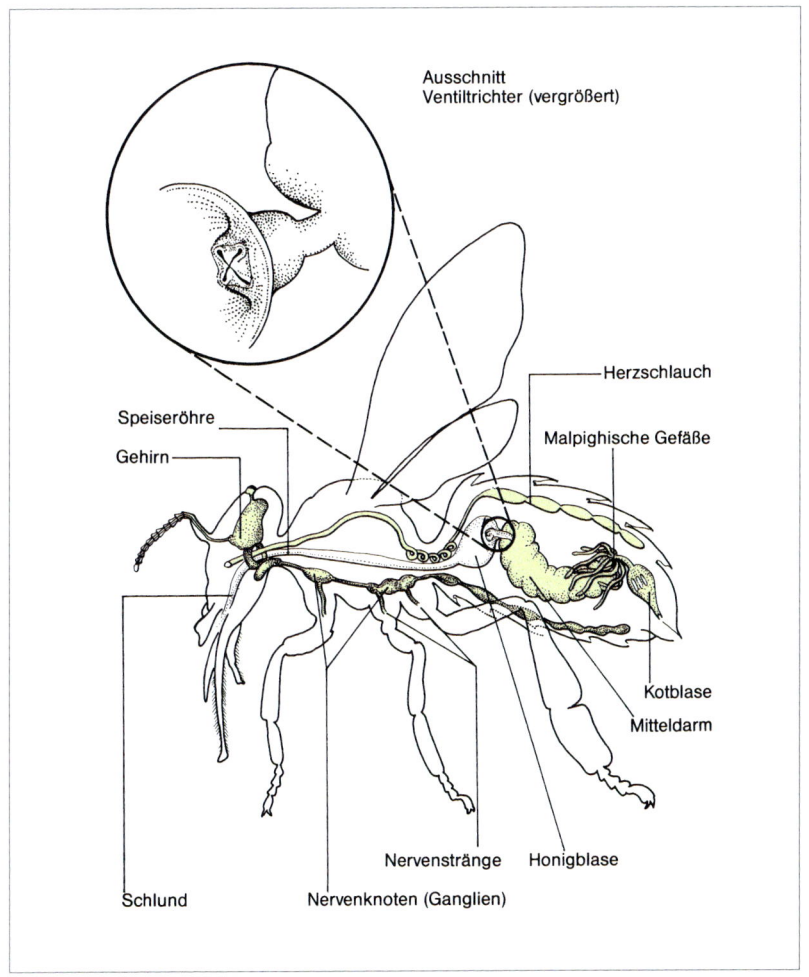

Ausschnitt
Ventiltrichter (vergrößert)

Herzschlauch

Speiseröhre

Malpighische Gefäße

Gehirn

Kotblase

Mitteldarm

Nervenstränge

Honigblase

Schlund

Nervenknoten (Ganglien)

zur Kotblase. Ihre außerordentliche Dehnungsfähigkeit erweist sich besonders in den Wintermonaten als überlebenswichtig. Die Kotblase nimmt nach einer längeren Winterruhe ohne Fluggelegenheit fast den gesamten Raum des stark geweiteten Hinterleibes ein. Die bei zehntausenden Individuen erforderliche Hygiene erlaubt kein Abkoten im Stock. Gerät dennoch, durch Krankheit oder durch eine Störung Kot auf die Waben, gehen die Bienen durch Infektionen dem sicheren Tod entgegen.

Bienen haben keinen geschlossenen Blutkreislauf in Adern und Venen. Das Bienenblut, die sogenannte Haemolym-

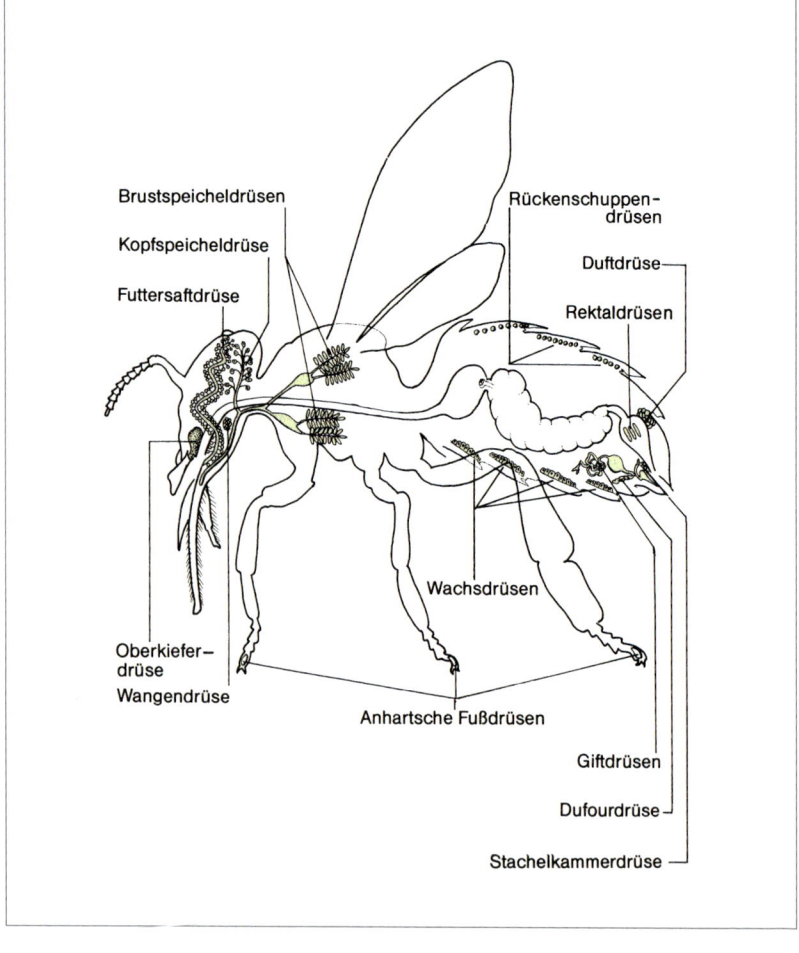

phe, befindet sich in der gesamten Leibeshöhle und umfließt dabei die Organe. Zum Austausch von Stoffwechselprodukten muss es aber auch zirkulieren können. Diese Arbeit übernimmt der schlauchförmige Herzmuskel und andere pulsatorisch wirksame Organe. Der Herzschlauch verläuft entlang dem Rücken durch den gesamten Bienenkörper, schlängelt sich in Windungen durch den Taillenengpass und endet offen im Bereich des Gehirns. Die klare Blutflüssigkeit wird kontinuierlich von hinten nach vorn gepumpt und fließt bauchseitig,

Die Drüsen der Honigbiene

Drüse	Lage	Funktion
Bei allen drei Bienenwesen vorhanden:		
Kopf- und Brustspeicheldrüse	Kopf und Brust	Auflösen von Zucker, Wachsverarbeitung, Ausspeicheln von Brutzellen
Anhartsche Fußdrüsen	jeweils letztes Fußglied	Verbesserung der Haftung, z. B. auf glatter Fläche, Fußabdruckpheromon, Markierung von Nesteingang und Futterplätzen, Anlockung von Arbeiterinnen und Königin
Rektaldrüsen	Kotblase	Regulierung des Wasser- und Mineralstoffhaushaltes, Absonderung von Katalase (Fäulnishemmstoff)
Nur bei Königin und Arbeiterin ausgebildet bzw. vorhanden:		
Oberkieferdrüsen (Mandibeldrüsen)	Basis der Mundwerkzeuge	**Königin:** Königinnensubstanz (Pheromone), Sexuallockstoff, Hemmstoff für Ovarentwicklung bei Arbeiterinnen **Arbeiterin:** Futtersaft, Fermente, Trennmittel zur Wachs- und Propolisverarbeitung, Alarmpheromon I
Stachelkammerdrüse Giftdrüsen	zwischen Gift und Kotblase am Stachelapparat	Anlocken von Arbeiterinnen und Drohnen Stachelgift, Alarmpheromon II

Die Drüsen der Honigbiene (Fortsetzung)

Drüse	Lage	Funktion
Nur bei Arbeiterinnen ausgebildet bzw. vorhanden:		
Futtersaftdrüsen	im Kopf zwischen Stirn und Gehirn	Futtersaft für Brut, Königin und Drohnen, Fermente, bei Winterbienen auch Reservestoffspeicher
Wangendrüsen	Kopf	unbekannt
Duftdrüse (Nassanoffsche Drüse)	Kopf zwischen vorletzter und letzter Rückenschuppe	Markierungsdurft
Wachsdrüsen	zwischen Bauchschuppen des Hinterleibes	Wachsproduktion
Nur bei Königinnen ausgebildet bzw. vorhanden:		
Rückenschuppendrüsen	Rückenschuppen	Duftstoff zur Brunstzeit, regen Geschlechtstrieb der Drohnen an
Samenblasendrüse, auch Y-Drüse	an der Samenblase	Ernährung und Reaktivierung der Spermien
Nur bei Drohnen vorhanden:		
Duftdrüse	am Hinterleibsende	unbekannt
Schleimdrüse	Teil der Geschlechtsorgane	Unterstützung des Begattungsvorganges

die Organe umspülend und versorgend, zurück. Etwa 100 geiselförmige Ansätze am Abfluss des Mitteldarmes bilden die Malpighischen Gefäße, die die Aufgabe besitzen, das Blut von Exkreten zu reinigen, ähnlich wie unsere Nieren.

Die Nährstoffe werden von den Organen nicht unbedingt gleich verbraucht. Sie können für Notzeiten, besonders für die harten Wintermonate, im Fett-Eiweiß-Körper des Bauch- und Rückenbereiches des Hinterleibes eingelagert werden und stehen dann bei Bedarf zur Verfügung.

Zur Verbrennung der Nährstoffe ist natürlich auch Sauerstoff notwendig.

Durch 10 paarweise angeordnete Atemlöcher (Stigmen) an Brust und Hinterleib, die über Röhren und Luftsäcke miteinander verbunden sind, wird den Organen der Sauerstoff direkt zugeführt. Dabei atmen die Bienen aktiv aus, wonach sich die Atmungsorgane bei Entspannung wiederum mit Luft anfüllen. Die augenfälligen Pumpbewegungen des Hinterleibes unterstützen die Sauerstoffaufnahme bei aktiv tätigen Insekten.

Die Geschlechtstiere verfügen über spezifische Organe. Die Königin hat voll ausgebildete, paarige Eierstöcke, bestehend aus je etwa 180 Eischläuchen, während Arbeiterinnen nur noch je 2 bis 12 davon besitzen. Die Eier gelangen über die Eileiter zu einem Ausführungsgang und in die Scheide, an welche der Samenblasengang anschließt. Hier findet die eigentliche Befruchtung der Eier statt, wenn daraus Weibchen werden sollen. Die Samenblase fasst mit einem Durchmesser von etwa 1,5 mm etwa 5 bis 7 Millionen Spermien und ist in der Lage, diese über Jahre lebensfähig zu erhalten.

Das Sperma liefert der Drohn bei der Begattung, seinem alleinigen Lebenszweck. Entsprechend ist er ausgestattet. Das komplizierte männliche Geschlechtsorgan nimmt fast die gesamte, ohnehin besonders groß bemessene Leibeshöhle ein. Beim Begattungsvorgang stülpt sich das Innere nach außen, wobei lebenswichtige Organe abgerissen werden und der Drohn verendet.

Eine zentrale Rolle im Bienenleben spielen die unterschiedlichsten Drüsen. Einige dienen den Lebensfunktionen der Einzelbiene, andere gewährleisten den Zusammenhalt des Volkes als soziale Einheit und das Funktionieren seiner Organisation. Die volle Entwicklung der Drüsen ist oft an das jeweilige Lebensalter der Biene gebunden, sie können aber teilweise in Notfällen wieder reaktiviert werden. Sie liefern Futtersekrete für die junge Brut, das Wachs für die Waben und auch die dazu erforderlichen Trennmittel zur besseren Verarbeitung. Pheromone der Königin verhindern das Wachstum der Eierstöcke bei den Arbeiterinnen, locken die Flugbienen zum Stock und die Drohnen zum Begattungsplatz.

Drüsen liefern wichtige Fermente zur Veredelung und Haltbarmachung der Nahrung, Giftstoffe zur Abwehr von Feinden und Alarmstoffe zur Signalisierung von Gefahr.

Der Bienenstaat

Die Biene ist nur als Mitglied eines sozialen Verbandes lebensfähig, und nur diese soziale Bindung ist es, die das gesamte Volk und mit ihm die Art erhält. Die Gemeinschaft eines Bienenvolkes ist, wie wir noch sehen werden, theoretisch unsterblich. Zur Bildung eines funktionierenden Insektenstaates sind jedoch einige Voraussetzungen nötig:
– Ein artspezifischer, genetisch fixierter und auf alle Individuen wirksamer Lockreiz hält den Volksverband zusammen. Pheromone, welche die Königin abgibt, erfüllen diesen Zweck.
– Ein Verständigungssystem steuert die Handlungen der Einzelbienen durch Kommunikation im chemischen und mechanischen Sinnesbereich.
– Uneigennütziges Handeln der Stockmitglieder bis zum Einsatz des Lebens

Aus den bauchseitigen Hinterleibsdrüsen tritt flüssiges Bienenwachs aus, das bei Luftkontakt sofort erstarrt und weiß wird.

fördern die Fortpflanzungschancen der Gruppe bzw. Art. Einmal ist Kooperation gefordert, also gemeinsame Ausführung einer Tätigkeit, andererseits verhindert Arbeitsteilung, dass alle zur selben Zeit das Gleiche tun.

Dieser kurz umrissene Verhaltenskatalog des Bienenstaates ist nur in einer entsprechenden Umwelt möglich. Sie muss im Flugbereich ausreichend Nahrung in Form von Kohlenhydraten (Nektar, Honigtau) und Eiweiß (Pollen) bieten und auch Wasser sollte greifbar sein. Die Bienen müssen sich als Wildtier eine Behausung suchen, sie können sie sich nicht selbst bauen. Ursprünglich waren dies hohle Bäume sowie Fels- und Erdnischen. Von entscheidender Bedeutung ist dabei die Größe des Raumes, denn nur in einem ausreichend bemessenen Hohlraum kann das Volk zur notwendigen Größe heranwachsen. Im Schutz dieser Behausung errichten die Bienen ihren Bau, der aus 7 bis 13 parallel nebeneinander hängenden Waben besteht. Bei einer Außentemperatur von mindestens 15 °C bilden vornehmlich die 12- bis 18-tägigen Stockbienen eine Bautraube, in deren Zentrum eine Temperatur von 35 °C entsteht. Bienen dieses Alters besitzen voll entwickelte Wachsdrüsen, die flüssiges Wachs »ausschwitzen«, das bei Luftkontakt sofort erhärtet. Die anwachsenden Wachsblättchen treten deutlich sichtbar zwischen den bauchseitigen Schuppen des Hinterleibes hervor. Die Baubiene streicht mit der Innenseite ihres Hinterbeines darüber und spießt dabei ein Blättchen mit den unteren Borsten der Pollenbürste auf. Daraufhin führt sie es zu den Mundwerkzeugen. Der eigentliche Bauvorgang kann nun beginnen. Mit den öligen Sekreten der Speichel- oder Oberkieferdrüsen zerkaut sie das Wachs und heftet es an der entsprechenden Stelle fest. Aufhäufen wechselt ab mit Abschaben, um das neue Gefüge zu verdünnen. Wieder werden neue Wachsklümpchen mit den Kiefern festgepresst, fein verteilt und später auch geglättet. Diese Arbeiten werden von den Einzelbienen in beliebiger Reihenfolge und an ständig wechselnden Stellen unabhängig voneinander durchgeführt. Solche Unstetigkeit ergibt für den Beobachter ein Bild von wildem Chaos, das aber doch in dem erstaunlichen Werk der Bienenwabe endet. Die wie Akrobaten untereinander hängenden Baubienen bilden ein lebendes Lot zur Ermittlung der Senkrechten. Die eigene Körpergröße ist das Maß für die Zellen, die eigentlich »rund« gebaut werden sollen, sich aber durch das ständige Gegeneinanderarbeiten mit Auf- und Abtragen von Wachs und durch das soge-

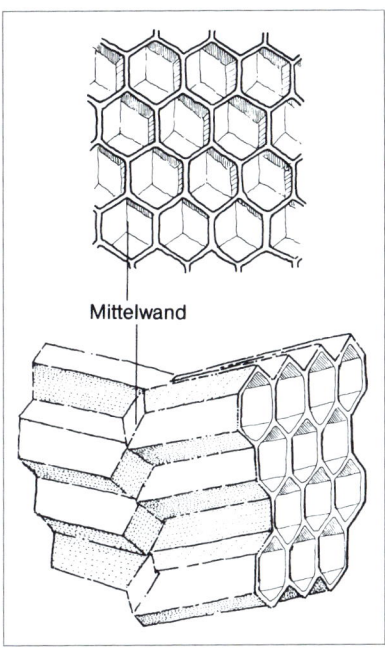

Mittelwand

Die Bienenwabe ist ein komplizierter Gefüge-bau. Die einzelnen Zellen sind zur Mittelwand leicht abgesenkt. Der Boden einer Zelle bildet gleichzeitig ein Drittel des Bodens von jeweils drei gegenüberliegenden Zellen.

nannte »Kuhlen« zum regelmäßigen Sechseck entwickeln, wobei mithilfe der Fühler die Zellwand auf exaktes Maß ge-halten wird. Der doppelseitige Gefüge-bau mit etwa 830 Zellen je dm², bietet die Gewähr, bei geringstem Materialauf-wand den verschiedensten Spannungs-kräften bei der späteren Belastung mit Vorräten und Brut standzuhalten. So kann z. B. eine Wabe aus nur 40 g Bie-nenwachs etwa 2 bis 3 kg Honig auf-nehmen.

Unten: Die raue Struktur der Zellränder zeigt an, dass hier noch gebaut wird. Gleichzeitig wird schon Honig eingelagert.

Die Königin ist stets mit einem kleinen „Hofstaat" von Pflegebienen umgeben.

Besonders im Frühjahr bauen die Bienen vermehrt Drohnenzellen mit 6,9 statt 5,3 mm Durchmesser (Arbeitsinnenzellen). Diese Unterscheidung weist schon darauf hin, dass die Zellengröße, aber auch ihre Form (Königinzelle) über die Kaste des entstehenden Geschlechtes entscheidet.

Beim Legevorgang inspiziert die Königin zunächst die Zelle auf Reinlichkeit und ob diese nicht schon belegt ist. Danach senkt sie ihren Hinterleib tief hinein und heftet ein Ei so am Boden fest, dass es waagerecht in die Luft hinausragt. Handelt es sich um eine Arbeiterinnenzelle, nimmt das Ei beim Passieren des Samenblasenganges einen Samenfaden mit, es wird befruchtet. Legt die Königin aber in eine größere Drohnenzelle, bleibt der Samenblasengang geschlossen. Ein solches Ei ist unbefruchtet und entwickelt sich zum Drohn. Hinter dieser sogenannten Parthenogenese verbirgt sich das Phänomen, dass ein Drohn keinen Vater, sondern nur einen Großvater hat. Die Entdeckung dieser im Insektenbereich nicht seltenen Tat-

Bevor die Königin ein Ei legt, besichtigt sie die dafür bestimmte Zelle ...

... und versenkt ihren Hinterleib gänzlich zur Eiablage am Zellboden, auch dabei ständig vom Hofstaat betreut.

Die stiftförmigen Eier neigen sich zur Seite.

Verschiedene Brutstadien. Links: Ei und Junglarve im Futtersaft, rechts: ältere Rundmaden.

sache machte der berühmte Pfarrer Dzierzon und erbrachte 1835 dafür auch den Beweis. Es dauerte Jahrzehnte, bis sich seine Beobachtungen durchsetzten und zum Allgemeinwissen des Imkers zählten.

Das Ei neigt sich innerhalb 3 Tagen mehr und mehr zur Seite. Dann schlüpft eine winzige Made aus, die nicht im entferntesten der erwachsenen Biene ähnelt. Sie wird sofort von Pflegebienen mit vorgefertigtem Brei gefüttert. Die Zusammenstellung dieses hochwertigen Futters ist je nach Art und Alter der Larve verschieden. Das Wachstum erfolgt in so gewaltigen Schüben, dass täglich

Je nach Alter zeigen die Bienenpuppen verschiedene Ausfärbungen von weiß (Bildmitte) bis zur schlüpfenden Biene (unten).

Nach der Verpuppung ist die liegende Bienengestalt sehr deutlich. Die Augen verfärben sich zuerst.

Der gesamte Körper beginnt sich nun dunkler zu färben. Der noch unentwickelte Flügel ist zwischen Mittel- und Hinterbein sichtbar.

Ein Schauspiel von besonderem Reiz ist das Schlüpfen der Jungbienen. Die Behaarung ist noch ganz wollig und teilweise verklebt wie bei einem Küken.

eine Häutung vorgenommen werden muss. Die Gewichtszunahme vom Ei bis zur Puppe beträgt das über Tausendfache in einem Zeitraum von nur 5½ bis 6 Tagen. Die Umrechnung dieser Werte auf den Menschen ist zwar utopisch, aber immer wieder verblüffend: Ein Baby würde demnach in 6 Tagen über 3 Tonnen wiegen.

Nach der vierten Häutung beginnt sich die Rundmade, die bis dahin gekrümmt am Zellboden liegt und diesen voll ausfüllt, zu strecken. Junge Stockbienen versehen die Zelle mit einer porösen Schicht aus Wachs; sie wird verdeckelt. Nun vollziehen sich wesentliche Veränderungen der inneren Organe. Sogenannte lytische Prozesse machen den bislang nur »blind« zusammenstoßenden Mittel- und Enddarm passierbar. Die während des Fressstadiums angesammelten Verdauungsprodukte werden in die Zelle abgesetzt, wodurch bebrütetes Wachs seine dunkle Färbung erhält. Gleichzeitig bilden sich die Spinndrüsen aus und die Larve spinnt sich vollständig ein. Der eng an die Zellwände anliegende Kokon bildet eine undurchlässige Tapete. Sie verhindert Infektionen der sich entwickelnden Biene durch den Larvenkot und den direkten Kontakt mit dem späteren Zellinhalt. Die Larvenkokons, die sich mit jedem Brutsatz übereinander legen, verleihen mehrmals bebrüteten Waben eine wesentlich höhere Stabilität.

Die fünfte und letzte Larvenhäutung erfolgt bei einer Königin am 10., bei einer Arbeiterin am 11. und bei Drohnen am 14. Entwicklungstag. Die in Ruhe auf dem Rücken verharrende Larve bzw. Vorpuppe beginnt nun ihre Metamorphose. Aus einer unförmigen, dicken Made wird eine flinke und geschäftige Biene. Zunächst bilden sich die drei Kör-

Die seitlich geöffnete Königinnenzelle lässt eine dicke Rundmade in Gelée Royale schwimmend erkennen.

Entwicklung der drei Bienenwesen in Tagen

Sorten	»offene Brut«		»verdeckelte Brut«	gesamte
	Ei	Rundmade	Streckmade, Puppe	Entwicklungszeit
Arbeiterin	3	6	12	21
Königin	3	5	8	16
Drohn	3	6	15	24

Schwarmzellen sind meist am Wabenrand, Nachschaffungszellen hingegen mitten im Brutnest zu finden. Auch die innere Form der Zellen unterscheidet sich deutlich.

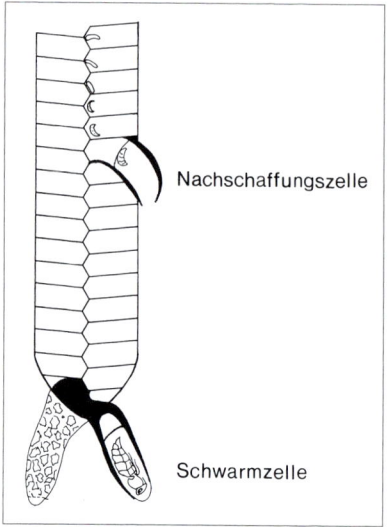

Nachschaffungszelle

Schwarmzelle

perteile durch die drastischen Einschnitte vor und hinter dem Brustbereich. Gleichzeitig formen sich die Augen und Mundwerkzeuge sowie die Extremitäten und die Flügelanlagen aus. Letztere sind zunächst nur als Stummelansätze vorhanden. Durch Einpressen von Blut (Haemolymphe) und Luft entfalten sie sich zur vollen Größe. Der Pigmentierung der Augen, die durch einen Farbumschlag vom hellen Violettrosa nach Dunkelbraun sichtbar wird, folgt die vollständige Ausfärbung und Aushärtung des Außenskeletts. Nach einer letzten Häutung schlüpft die vollständig entwickelte und somit ausgewachsene Biene aus ihrer Zelle, nachdem sie den porösen Wachsdeckel mithilfe ihrer Mundwerkzeuge entfernt hat. Die Puppenzeit von Arbeiterin und Drohn beträgt 8, bei einer Königin nur 5 Tage.

Königinnen wachsen in speziellen Zellen heran, die eigens zu diesem Zweck errichtet und danach wieder beseitigt werden. Es handelt sich dabei um glockenförmig nach unten hängende »Näpfchen« im Randbereich des Brutnestes. Aus einem normalen, befruchteten Ei schlüpft wie oben beschrieben, eine Larve, die bis zur Verdeckelung der Zelle intensiv gefüttert wird. Heranwachsende Königinnen erhalten nur reinen Futtersaft, während Arbeiterinnen-

Lebenstage	Arbeit	
1.–3. Tag	Körperpflege, Zellen putzen	
4.–10. Tag	füttern älterer Brut, Königinnenpflege, füttern jüngerer Brut, Futter abnehmen, Pollen stampfen	Stockbiene
11.–18. Tag	Wachs schwitzen, Zellen bauen	Innendienst
19.–21. Tag	Wächterdienst am Flugloch, Flug- und Orientierungsübung	
22.–30. Tag	Wasser eintragen, Pollensammeln, Nektar/ Honigtau sammeln, Trachterkundung	Flugbiene

brut ab dem 4. Larventag zusätzlich mit Honig und Pollen versorgt wird. Dies unterdrückt die Entwicklung der Eierstöcke und führt zur charakteristischen Ausbildung der Arbeitsbienen. Der Futtersaft der Königinnen, das Gelée Royale, hingegen fördert das Wachstum der Geschlechtsorgane und lässt die Attribute der Arbeiterin, z. B. Pollenkörbchen, nicht auftreten.

Dieses Phänomen erlaubt einem Bienenvolk bei Verlust der Königin aus junger Arbeiterinnenbrut eine neue Stockmutter heranzuziehen. Einige Arbeiterinnenzellen mit höchstens 6 Tage alter Brut werden dazu kurzerhand zu Weiselzellen umgeformt und ihre jungen Larven nur noch mit Gelée Royale gefüttert. Es entsteht eine völlig normale Königin, die nach der Begattung die Aufgaben ihrer Mutter voll erfüllen kann. Erst bei Verlust dieser jungen sogenannten Nachschaffungskönigin muss ein Bienenvolk sterben. Die sehr bald mit Eierlegen beginnenden Arbeitsbienen können mangels Begattung nur noch Drohnen erzeugen, eine letzte verzweifelte Reaktion, das Volk zu retten.

Veranlasst die Zellgröße die Königin in Drohnenzellen unbefruchtete Eier zu legen, so ist es die nach unten offene Form, die die Pflegebienen veranlasst, nur »Gelée Royale« zu füttern. So bestimmt der Bau der Zelle über die Entstehung der Geschlechter.

Die verschiedenen Arbeiten, welche eine Biene im Laufe ihres Lebens, das im Sommer etwa 4 Wochen, ab August aber 6 bis 9 Monate dauern kann (Winterbienen), verrichtet, sind von der jeweiligen Altersstufe abhängig. Meist ist es die Entwicklung spezifischer Drüsen, die sie zu bestimmten Arbeiten prädestiniert.

In der Regel können diese Drüsenfunktionen auch wieder reaktiviert werden, sodass eine ältere Biene ohne weiteres auch wieder Baubiene oder Amme werden kann. Der stark idealisierte Arbeitsablauf einer Honigbiene gab immer wieder Anlass zu Vergleichen im menschlichen Bereich. Er kann sich bei Bedarf aber auch stark verschieben. So ist es bei reicher Tracht gut möglich, dass sich der Innendienst mancher Stockbiene erheblich verkürzt und sie nicht erst nach 20 Tagen zum Honigsammeln ausfliegt.

Bienensprache

Erfahrene Trachtbienen müssen sich als Kundschafterinnen bewähren. Es wäre ökonomisch nicht besonders sinnvoll, würden sich jeden Morgen alle Flugbienen auf den Weg machen. Bietet die Natur keine Nahrung an, verpufft zu viel Energie nutzlos. Deshalb muss erst ermittelt werden, für wie viele Bienen die Arbeit lohnend ist. Kehrt eine Suchbiene mit ihrer »Beute« heim, beginnt sie auch gleich auf den Waben lebhaft zu tanzen. Befindet sich die Trachtquelle in nächster Nähe, führt sie den Rundtanz auf, indem sie einige Minuten lang unter häufigerem Wechsel der Drehrichtung kreisförmige Figuren beschreibt. Trotz der Einfachheit des Tanzes enthält er einige wichtige Informationen. Er macht flugwillige Arbeiterinnen auf einen neuen Fund aufmerksam und bittet um Mithilfe, die ergiebige Tracht einzubringen. Die Stockgenossinnen nehmen die Tanzform durch intensiven Kontakt zur Tänzerin wahr, sie tanzen ihr nach, denn im Stock herrscht absolute Dunkelheit. Dabei erfahren sie den Duft der Nah-

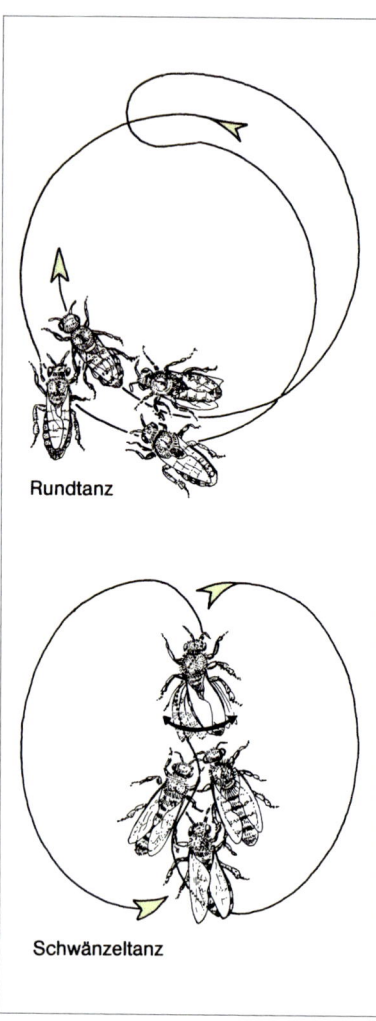

Rundtanz

Schwänzeltanz

*Liegt die Trachtquelle nicht weiter als 100 m
entfernt, gibt dies die rückkehrende Biene mit
einem einfachen Rundtanz bekannt. Der
Schwänzeltanz gibt darüber hinaus die genaue
Entfernung und die Richtung an. In unserem
Beispiel liegt die Fundstelle genau in Richtung
zur Sonne.*

rungsquelle und erhalten letzte Sicherheit durch Futterproben. Die Lebhaftig-
keit des Tanzes zeigt die Ergiebigkeit der
Quelle an. So vermögen »müde« Tänze
nur wenige Bienen zum Ausflug aufzu-
muntern. Heftiges Tanzen hingegen re-
krutiert eine große Sammlerschar. Der
Rundtanz vermittelt nicht die genaue
Zielrichtung, zeigt jedoch an, dass die
Tracht in nächster Nähe liegt.

Bei einer Entfernung zwischen 80 und
100 m wird aus dem einfachen Rundtanz ein Schwänzeltanz mit weiteren
Detailinformationen. Die Tanzform beschreibt jetzt die Figur einer abgeflach-
ten 8, wobei im Mittelstück heftige
Schwänzelbewegungen mit dem Hinterleib ausgeführt werden. Der Tanzrhyth-
mus gibt den nachtanzenden Bienen
Auskunft über die Entfernung einer neu-
en Trachtquelle. Je weiter entfernt diese
ist, umso langsamer ist auch der Tanz.
Unter den europäischen Bienenrassen
gibt es hier erhebliche Abweichungen,
die man auch als »Dialekte« der Bienensprache bezeichnet. Neben der Entfernung wird aber auch die Richtung mit-
geteilt. Dabei sind die Bienen in der
Lage, den optischen Winkel zwischen
Trachtquelle und Sonne in das Schwere-
feld zu transponieren. Das bedeutet,
dass der Schwänzeltanz zur Senkrechten
den gleichen Winkel beschreibt, wie
zwischen Futterplatz und Sonne. Liegt
die Trachtquelle z. B. genau in Richtung
zur Sonne, tanzt die Meldebiene senkrecht nach oben und bei entgegenge-
setzter Richtung – von der Sonne weg –
senkrecht nach unten. Variiert der Winkel zwischen Trachtquelle und Sonne,
verändert sich der Tanzwinkel zur Senkrechten entsprechend. Dieses System
funktioniert so sicher, dass Trachtquel-

Für jede Himmelsrichtung verwendet die Tanzbiene ein bestimmtes Symbol, ähnlich einem Kompass. Bezugspunkt ist jedoch kein Pol, sondern die Sonne. Mit deren wechselndem Stand verändern sich auch die Tanzrichtungen.

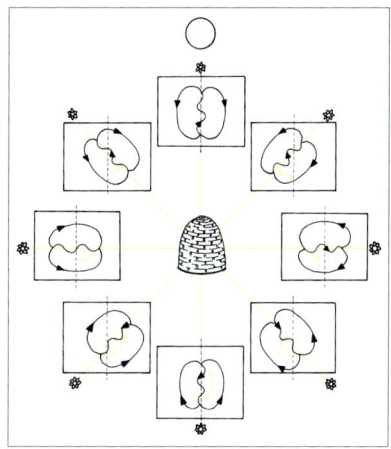

len in bis zu 10 km Entfernung noch mit Erfolg übermittelt werden können. Alarmierte Flugbienen müssen sich auch deshalb genau auf die Entfernungs- und Richtungsinformationen verlassen können, weil sie nur so viel Nahrung (Energie) mitnehmen dürfen, als bis zur Trachtquelle erforderlich ist. Würden sie aufs Geratewohl »volltanken« käme außer Pollen kein Ertrag zustande. Es könnte jeweils nur die Menge der verbrauchten Energie von den Blüten geerntet werden.

Die Richtung erkennen die ausfliegenden Trachtbienen auch ohne die Sonne selbst zu sehen: Das Polarisationsmuster des Himmels wirkt als Kompass. Dass die Bienen die scheinbare Wanderung der Sonne sogar »berechnen« können, zeigt folgender Versuch: Bienen eines Volkes sind am Nachmittag auf ein Futtertischchen in 200 m Entfernung südwestlich des Bienenstandes angelockt und gekennzeichnet worden. Am Abend verstellt man die Bienen an einen anderen Platz, z. B. in 50 km Entfernung. Bietet man tags darauf in allen Himmelsrichtungen Futter an, wird das Angebot nur am südwestlichen Tischchen spontan von den am Vortag gezeichneten Sammlerinnen angenommen, obwohl der Sonnenstand noch nicht dem des Vortages entspricht. Dabei muss das Gelände beider Standorte ziemlich gleichförmig beschaffen sein, denn die Bienen nehmen nicht nur den Stand der Sonne, sondern auch Geländeformen,

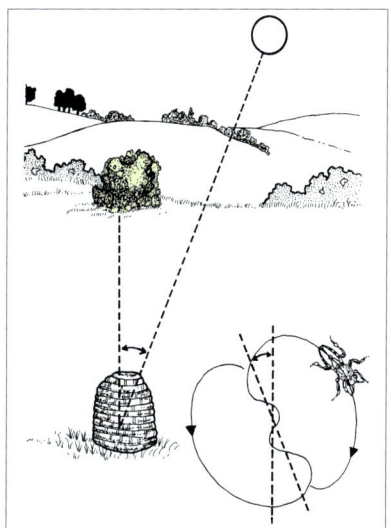

Nur selten liegt die Trachtquelle genau in einer Linie zur Sonne. Weicht sie, wie oben dargestellt, etwa 20° nach links ab, tanzt die Biene ihre Schwänzelbewegungen genau 20° links von der Senkrechten. Dieses Nachrichtensystem ist so genau, dass jede Biene, die der Tänzerin folgt, die neue Trachtquelle zielsicher findet.

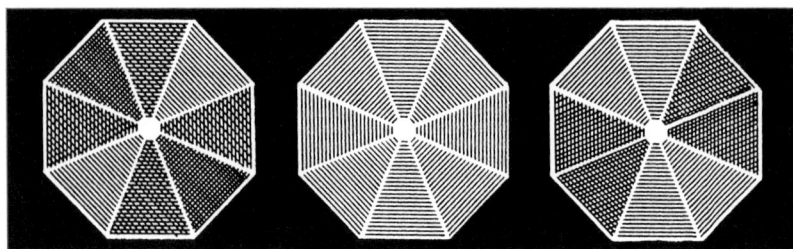

Das Polarisationsmuster des Himmels zeigt der Biene kompassähnlich den Stand der Sonne (schematische Darstellung verschiedener Richtungen).

z. B. Wegränder, Alleen oder Seeufer, als erlernbare Orientierungshilfen, besonders auch zum Wiederfinden ihres Stockes, wahr.

Bestimmte Blumen honigen nur zu gewissen Tageszeiten, z. B. morgens zwischen 7 und 11 Uhr. Der Zeitsinn der Bienen sagt genau, wann eine Trachtquelle wieder zu »sprudeln« beginnt. Das »wo« weiß die Erinnerung vom vorherigen Tag. So lassen sich Bienen nicht nur auf Farben, Himmelsrichtungen oder Düfte, sondern auch auf bestimmte Tageszeiten zu einem Futterplatz dirigieren.

Das perfekte, von Prof. Karl von Frisch (1886–1982) entdeckte Nachrichtensystem der Honigbiene lässt vermuten, dass diese intelligenten Insekten in der Lage sind, die blühende Flora restlos auszubeuten. Gerade aber die Bienensprache ist es, die neben der Blütenstetigkeit eine »Sicherung« bedeutet und Nahrungskonkurrenz zu anderen wild lebenden Insekten wahrscheinlich sogar verhindert. Die Alarmierung von abrufbereiten Sammlerinnen ist nur möglich, wenn die Tänzerinnen mit ausreichender Intensität ihre Bewegungen ausführen und gleichzeitig bestimmte Schnarrlaute abgeben. Ohne diese Schnarrlaute, deren Bedeutung noch wenig untersucht ist, funktioniert die Alarmierung nicht. So sind z. B. im Experiment einmalig angefütterte Kundschafterinnen nicht in der Lage, Stockgenossinnen für ihre Entdeckung zu begeistern. Honigbienen sind also auf »Massentrachten« spezialisiert, während die Wildbienen mehr auf Artenvielfalt ausgerichtet sind.

Honigbereitung

Der von den Sammlerinnen eingebrachte Nektar hat sehr wenig Zucker. Sein Gehalt liegt sogar unter dem des Blütennektars, da die Sammelbiene ihm bei der Nahrungsaufnahme bereits körpereigene Sekrete beimischt, die sie eigentlich nur zum Auflösen fester Stoffe bräuchte, wie etwa für dickflüssigen Honigtau oder fertigen Honig aus dem Vorrat des Stockes. Ist sie zum Volk zurückgekehrt, übergibt sie ihr Sammelgut an eine oder mehrere Stockbienen. Der soziale Futteraustausch bildet eine Futterkette, sodass immer eine Vielzahl von Bienen an der Aufbereitung des Honigs beteiligt ist. Bei jeder Futterübergabe

Bienen bei der Honigaufnahme.

steigt der Enzymgehalt (Diastase, Invertase, Glucoseoxidase) durch Zugabe von Sekreten der Futtersaftdrüsen. Diese Anreicherung bewirkt eine Veränderung des Zuckerbildes des Rohstoffes. Mehrfachzucker (z. B. Rohrzucker) wird zu Einfachzuckern (Trauben-, Fruchtzucker) abgebaut.

Die Konservierung des Honigs erfordert eine drastische Senkung seines Wassergehalts. An diesem Vorgang beteiligen sich die Bienen des Innendienstes aktiv, indem sie im Bereich des Rüssels große Tropfen des noch dünnen Honigs austreten lassen, wieder einziehen und erneut einen Tropfen bilden. Dies wiederholen sie während 15 bis 20 Minuten immer wieder. Auf diese Weise wird die Oberfläche des Rohstoffes der trockenen, warmen Stockluft ausgesetzt. Ist der Wassergehalt auf 40 bis 50 % abgesenkt, hängen die Honigbereiterinnen kleine Tröpfchen ihres halbreifen Produkts an den Zellwänden auf oder legen es in dünnen Schichten

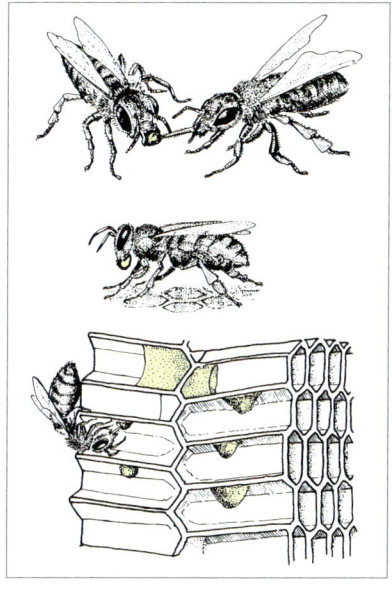

Honigreifung: Nektarübergabe (oben); Rüsselschlagen (Mitte) fördert den Wasserentzug ebenso wie Tröpfchenaufhängung in den Zellen (unten).

Fächelnde Bienen sorgen für Luftzirkulation im Stock. Dadurch wird dem Nektar Wasser entzogen.

Ausreichend eingedickter Honig wird mit einem weißen, wasserdichten Wachsdeckel versiegelt.

Brutzellen sind mit braunen, luftdurchlässigen Deckeln versehen. Das Brutnest ist von Futtervorräten umgeben.

an Zellböden zum Trocknen aus. Während dieser passiven Phase der Honigreifung wird weiteres Wasser an die Stockluft abgegeben. Fächelnde Bienen transportieren die wassergesättigte Luft nach draußen und ersetzen sie durch die meist kühlere Außenluft, deren relative Luftfeuchte durch die Stockwärme wiederum abgesenkt wird.

Den nun nahezu fertigen Honig tragen die Bienen in die Lagerzellen, die sie zunächst nur zu ⅔ füllen. Erst bei genügender Reife und einem Wassergehalt von unter 20% wird die Zelle dann randvoll gefüllt und mit einem wasserdichten Wachsdeckel versiegelt. So ist eine perfekte »Konserve« für schlechte Zeiten entstanden. Dabei konnten wir feststellen, dass auch im Bereich der Nahrungsaufbereitung und Bevorratung ein hohes Maß an Kooperation und Arbeitsteilung gegeben ist.

Der Schwarm

Das in den Wintermonaten auf etwa 10 000 Bienen geschrumpfte Volk beginnt schon sehr früh mit der Wachstumsphase. Bereits in den letzten kalten Wochen erfolgt der Bruteinschlag. Der genaue Auslöser hierfür ist noch unbekannt. Jedenfalls wird der Brutbeginn nicht durch vorzeitigen, nur vorübergehenden Temperaturanstieg beeinflusst. Die konzentrischen Legekreise der Königin werden immer größer und erweisen sich natürlich bei warmen Außentemperaturen besonders stark. Der übrige Wintervorrat wird sozusagen verprasst und Energie in Brut umgesetzt. Neu eingetragener Nektar wird während des Bruteinschlags nur spärlich eingelagert;

er muss mit dem frischen Pollen die Brut ernähren.

Besonders gerne belegt die Königin jetzt Drohnenzellen, da die Zeit der Vermehrung näher rückt. Das Volk will sich teilen und schwärmt ab. Die auslösenden Faktoren für diesen äußerst komplizierten Vorgang sind unterschiedlicher Natur und wirken oft zusammen. Ein genetisch verankerter Schwarmtrieb liegt der unterschiedlichen Schwarmneigung verschiedener Bienenrassen und Einzelvölker zugrunde. Das heranwachsende Volk leidet je nach Kastengröße unter Platzmangel. Eine alte Weisel (Königin) vermag nicht mehr genügend Königinnensubstanz zu produzieren oder die normale Pheromonmenge einer jüngeren ist für ein starkes Volk nicht ausreichend genug oder wird schlecht verteilt. Die Eierstöcke der Arbeiterinnen beginnen dadurch zu wachsen; »Unzufriedenheit« macht sich breit. Ein großes Heer junger Pflegebienen ist plötzlich »arbeitslos«, weil bereits alle Brut verdeckelt ist und niemand ihnen den Futtersaft ihrer stark produktiven Drüsen abnimmt. Ebenso führt nachlassende Tracht bei vollen Honig- und Pollenlagern zum Auslösen des Schwarmtriebes. Dann werden im Randbereich des Brutnestes plötzlich Weiselnäpfchen aufgebaut. Zunächst nur wenige, dann einige Dutzend. Es dauert nun nicht lange und die Königin legt, mehr oder weniger von ihren Töchtern genötigt, je ein Ei in diese Zellen. Senkrecht nach unten hängend werden die daraus schlüpfenden Larven zu jungen Königinnen herangefüttert. Am 9. Tag erfolgt die Verdeckelung. Von nun an bis zum Schlupf der Larven erhält die alte Stockmutter Gelegenheit, ihren Bau zu

Weiselnäpfchen sind die »Wiegen« junger Königinnen. Sie werden nur bei Bedarf errichtet und danach wieder abgetragen.

verlassen. Dies kann sie nicht alleine, sondern nur im Schwarmverband tun. Zunächst muss sie sich einer Diät unterziehen, die zur Schrumpfung der Eierstöcke und somit zur Verringerung ihres Gewichtes führt; sonst könnte sie nicht gut fliegen. Den heimkehrenden älteren Trachtbienen wird in der Hektik der Schwarmvorbereitungen das mitgebrachte Futter nicht mehr abgenommen. Sie stellen von Nahrungs- auf Wohnungssuche um und werden zu sogenannten Spurbienen. Alle übrigen Bienen haben sich mit hoch konzentrierter Nahrung wohlversorgt.

Einige Schwirrläuferinnen geben den Alarm zum Start. In aufgeregtem Zick-Zack-Lauf mit dem charakteristischen Flügelschwirren drängen sie unter ihre Genossinnen und rempeln sie an, wobei ihr Hinterleib in ein heftiges Zittern verfällt. Immer mehr folgen, davon angesteckt, ihrem Beispiel und selbst die Kö-

Bevor der Schwarm eine neue Wohnung gefunden hat, sammelt er sich zu einer Traube, Jede Biene hat Vorrat für 3 Tage bei sich.

nigin beginnt zu laufen. Alles gerät in helle Aufregung. Kurze Zeit darauf ergießt sich sturzbachartig etwa die Hälfte der Bienenmasse zum Flugloch hinaus. Dies ist der gefährliche Moment für den Schwarm: Es gilt jetzt sich zu sammeln, ohne die Königin zu verlieren. In wildem Hin- und Herschwirren suchen die schwärmenden Bienen Kontakt zu halten. Einige von ihnen lassen sich an der erwählten Stelle, meist einem Baumast oder Dachvorsprung, nieder und fächeln kräftig mit offener Duftdrüse, um die Königin anzulocken. Sobald sie gelandet ist und den Lockduft durch ihr Pheromon verstärkt, finden sich sehr rasch auch die übrigen Bienen mit einigen hundert Drohnen auf der Schwarmtraube ein. Nach 1 bis 2 Stunden haben sie sich auf das neue Leben eingestellt. Die ältere Generation bildet eine Außenhaut, während die ehemaligen Stockbienen auch hier im Inneren der Traube leben, die von Luftschächten und Laufgängen durchzogen ist. Bei kalter Witterung zieht sie sich enger zusammen und bei Regen bilden die »Haut«-Bienen mit ihren Flügeln regelrechte Dachziegel, an denen das Wasser herabrinnt, während im Inneren die konstante Bruttemperatur von 35 °C gehalten wird.

Sehr bald kehren die ersten Spurbienen von ihrer Wohnungssuche zurück und melden mit Rund- und Schwänzeltänzen Attraktivität, Richtung und Entfernung der von ihnen erkundeten Behausung. Da aber stets mehrere Spurbienen für ihren Fund werben, kommt eine Einigung nicht gleich zustande und manchmal können darüber Tage vergehen. Daher haben sich alle Schwarmbienen für 3 Tage mit einer »Notration« versorgt. Zunächst lassen sich einige überreden, die Güte der Wohnung zu überprüfen. Sind sie von dem Vorschlag angetan, beginnen auch sie heftig zu tanzen und mit anderen Tänzerinnen zu konkurrieren. Letztlich muss man sich einigen, denn eine neuerliche Teilung ist unmöglich; man hat nur eine Königin. Es mutet wie ein eindringliches Gerede und Verhandeln an, wenn man sich vorstellt, was hier vorgeht: Meinungen werden vorgetragen, überprüft, verworfen oder gutgeheißen. Endlich sind sie sich einig: Alle Tänzerinnen tanzen dieselbe Figur im gleichen Rhythmus. Schwirrbienen stürzen erneut durch die Masse und geben das Startsignal. Alles erhebt sich in die Luft und begibt sich zur auserkorenen Behausung. Hier wird besonders deutlich, dass die Königin ihren Namen kaum verdient, denn bis dahin kam ihr keine Vorrangstellung zu. Der Name Stockmutter oder der Fachausdruck Weisel wird ihr eher gerecht. Weisel kommt von Weiser oder weisen her, das heißt, die

Die junge Königin öffnet den Zelldeckel randscharf wie mit einem Dosenöffner.

Königin weist auf die Ansitzstelle des Schwarmes hin.

Zuerst hat sich der Schwarm in der neuen Wohnung einzurichten: Waben sind zu bauen und Honig und Pollen sind einzutragen. Auch der Königin lässt man wieder die altgewohnte Pflege zukommen und sie beginnt sogleich mit der Eiablage. Übrigens sind innerhalb von 3 Tagen alle in einem Volk anfallenden Arbeitsstellen zu besetzen. Dies ist möglich, da sich der Schwarm aus den gleichen Anteilen der verschiedenen Altersgruppen und Arbeitsspezialisten zusammensetzt wie das zurückgebliebene Volk (mit Ausnahme der jünger als 3 Tage alten fluguntüchtigen Jungbienen). Man kann nur staunen, wie die Bienen des bewerkstelligen. Eine 20 bis 60 000 Köpfe zählender menschlicher Verband hätte erst durchzuzählen, aufzulisten und zu sortieren, bis ein vergleichbares Ergebnis herauskäme. Im Bienenstaat ist diese Aufteilung in den

Mit großem Kraftaufwand zwängt sie sich aus der engen Öffnung.

Eine stattliche Königin hat ihre enge Zelle verlassen. Die Flügel sind noch empfindlich weich. Bald haben sie sich jedoch gestreckt und ausgehärtet.

Der Zelldeckel wird nicht restlos entfernt wie dies die Arbeiterinnen tun. Er bleibt an einem schmalen Punkt hängen und klappt wie durch ein Scharnier auf. Gelegentlich wird der Deckel von den Arbeiterinnen wieder zugeklappt, manchmal sogar eine Futtersaft naschende Biene darin eingesperrt.

Findet eine Jungkönigin in ihrem Stock heran-
wachsende Konkurrenz, öffnet sie die Zelle
seitlich und sticht die Rivalin tot.

Teil des Volkes in einem Schwarm das Weite suchen kann. Dies setzt sich bei besonders schwarmtollen Bienen so weit fort, dass jede weitere Königin die Flucht ergreift und das Volk sich regelrecht »totschwärmt«. In der Regel übernimmt aber sehr bald eine junge Königin das »Regiment«. Sie stürzt sich auf die noch vorhandenen Königinnenzellen, beißt sie seitlich auf und versetzt der Rivalin einen tödlichen Stich. Sollte aus einer der engen Zellen doch noch eine weitere junge Königin entweichen, beginnt ein Kampf auf Leben und Tod, wenn beide »Thronanwärterinnen« sich begegnen. Sind die »Machtverhältnisse« geregelt, begibt sich die Favoritin im zarten Alter von 6 Tagen auf den Hochzeitsflug. Dazu sucht sie zwischen 12 und 15 Uhr allein sogenannte Drohnensammelplätze auf, die im Durchschnitt 2 km entfernt, aber auch in unmittelbarer Umgebung des Stockes liegen können. Die Begattung durch mehrere Drohnen hintereinander erfolgt in der Luft. Hochzeitsflüge können mehrmals an verschiedenen Tagen erfolgen. Das Sperma wandert in die Samenblase der Königin ein. Es kann von bis zu 12 Drohnen stammen und reicht fürs ganze Leben, das 4 bis 5 Jahre dauert. Erst beim Schwarmakt, der manchmal erst nach 2 Jahren erfolgt, kommt die Königin wieder ans Tageslicht, in vielen Fällen überhaupt nicht mehr. Wenige Tage nach der letzten Begattung beginnt die junge Königin, ihre ersten Eier zu legen, unter wesentlich besseren Ausgangschancen als ihre Mutter. Sie hat eine be-

wenigen Minuten des Schwarmbeginns genauestens möglich!

Nach 3 Wochen schlüpfen die ersten Jungbienen. Bis sie in ausreichender Zahl die ihnen zugewiesene Arbeit übernehmen können, erledigen dies die älteren Bienen mit und zwar in der Weise, dass die jüngeren unter ihnen Innendienst, der Rest Flugdienste verrichtet. Es dauert einige Zeit, bis die Altersstruktur des Schwarmes wieder stimmt.

Widmen wir uns nun dem zurückgebliebenen, abgeschwärmten Volk. Die erste heranwachsende junge Königin schlüpft aus, wobei auch sie mit einem weiteren, jedoch wesentlich kleineren

reits bewährte Behausung und einen Wabenbau mit Vorräten und schlüpfender Brut. Der Generationenwechsel unter den Arbeiterinnen bereitet weniger Probleme. Aber auch hier dauert es von der Eiablage bis zur ersten eigenen Jungbiene 21 Tage. Eine Schwächung des Volkes durch absterbende Altbienen findet erst dann wieder ihren Ausgleich.

Bienenkrankheiten

Die Reinlichkeit im Bienenvolk ist sprichwörtlich. Junge Stockbienen sind zum Putzdienst eingeteilt und alle Bienenprodukte enthalten verschiedene natürliche »Antibiotika«, die sie vor schlimmen Krankheiten bewahren. Außerdem halten die Wächterinnen kranke Artgenossen und solche mit abnormem Verhalten vom Stock ab.

Diese Regelmechanismen sind jedoch nur bei artgerechter, naturnaher Haltung voll wirksam. Dazu gehört eine ganzjährige gute Futterversorgung, volle Entfaltung des Brutnestes ohne Einschränkung wie etwa durch Absperrgitter, stete Erneuerung des Wabenbaues und nicht zuletzt ein bienengerechter, sonniger und trockener Standort. Zur weiteren Vorbeugung bedient sich der Imker eines Kniffes, den die Natur selbst anwendet: Die Ausmerzung von schwachen oder gar schon kränkelnden Völkern. Durch Auflösung des Stockes (Bienen abfegen, gesunde Brut auf Restvölker verteilen) geht keine einzige Biene verloren. In ihrer »neuen Heimat« haben sie in jedem Fall bessere Überlebenschancen.

Wichtig ist es daher, dass jeder Imker die wenigen Krankheiten der Bienen kennt, um sie rechtzeitig zu diagnostizieren und haltungsbedingte Fehlerquellen korrigieren zu können. In Zweifelsfällen sollte der Bienengesundheitsdienst, der Bienenzuchtberater oder ein erfahrener Imker befragt werden.

Man unterscheidet zwischen Brutkrankheiten und Krankheiten der erwachsenen Biene. Die Erreger sind an das Entwicklungsstadium der Biene gebunden, können also nicht von der Brut auf erwachsene Tiere oder umgekehrt übertragen werden. Diese Tatsache macht man sich bei der Bekämpfung einiger Krankheiten zu Nutze, indem der kranke Teil des Volkes (z. B. die Brut) entfernt wird. Hierin liegt auch ein tieferer Sinn des Schwarmes beim Verlassen des alten Brutnestes. Eine Ausnahme macht die Varroamilbe, die sowohl die Brut als auch die Bienen befällt. Neben der Varroatose ist es die Amerikanische Faulbrut, gegen welche die Erkrankten keine natürliche Abwehr entwickelt haben. Varroatose ist auf allen Bienenständen vorhanden. Man muss jährlich ab Saisonschluss bis in die Wintermonate, also wenn kein Honigeintrag erfolgt, gegen sie vorgehen. Amerikanische Faulbrut muss bei Auftreten der Veterinärbehörde angezeigt werden. Ihr obliegt auch die Bekämpfung dieser Seuche.

Imkerei und Honig

Einige grundsätzliche Überlegungen

»Vor allem lernt Theorie, sonst bleibt Ihr praktische Stümper ein Leben lang.« Dieser Spruch des Altmeisters August von Berlepsch ist auch eine gute Basis für einen Neuling in der Bienenhaltung. Ohne eine gewisse theoretische Grundlage bleibt der Erfolg dem Zufall überlassen. Wissen allein ist aber nicht alles. Nicht selten haben hochintelligente Leute die größten Schwierigkeiten mit ihren Bienen. Das entsprechende Fingerspitzengefühl und die Fähigkeit, sich in das Bienenvolk hineinzuversetzen, seine Bedürfnisse zu erkennen, sind für das Gelingen einer Imkerei ebenso wichtige

Voraussetzungen. Daran erkennt man oft die wahren Meister.

In einer anfänglichen Begeisterung für die Bienen wird oftmals vergessen, dass diese auch stechen können. Man sollte sich also auf jeden Fall bei einem erfahrenen Imker mit dieser Tatsache vertraut machen. Liegt der seltene Fall einer Bienenstich-Allergie vor, sollte man sich bei seinem Hausarzt über die Möglichkeit einer Hyposensibilisierung informieren. Ein »Schnupper«-Besuch in einer Imkerei kann dem Interessenten auch als Entscheidungshilfe dienen, ob die Beschäftigung mit Bienen für ihn das Richtige ist. Laien gehen oftmals von falschen Vorstellungen aus, und eine vorschnelle Entscheidung erfolgt

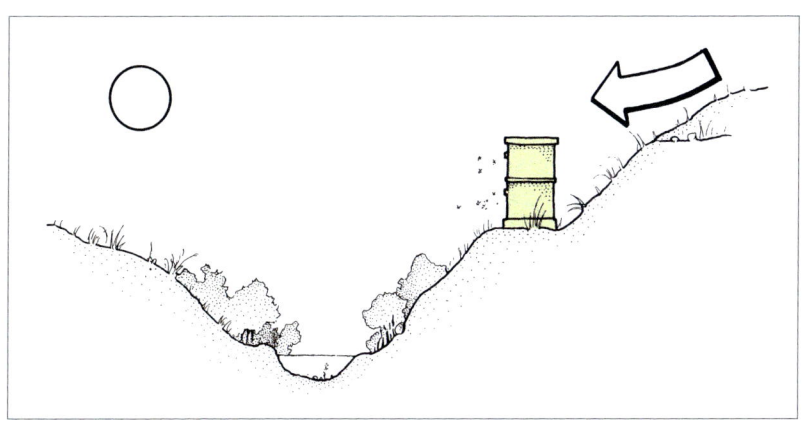

In hügeligem Gelände sind windgeschützte Lagen zu bevorzugen, »Kälteseen« jedoch zu meiden. Es empfiehlt sich daher die Aufstellung der Bienen in halber Höhe.

dann zu Lasten der Bienen, die nach dem Abklingen der anfänglichen Begeisterung vernachlässigt werden und darunter leiden müssen.

Der geeignete Standort

Sehr schön ist es natürlich, seine Bienen im eigenen Garten aufzustellen. Dies ist nicht immer möglich, andererseits aber auch nicht unbedingt notwendig. Gegen ein geringes Entgelt oder etwas Honig lässt sich gewiss leicht im Außenbereich eine günstige Aufstellungsmöglichkeit finden.

Wie sollte ein solcher Platz beschaffen sein? Wenn die Bienen ganzjährig, also auch über den Winter stehen bleiben, eignet sich ein nach Süd-Südwest offenes Gelände am besten. Besonders vorteilhaft wirkt sich eine Abschirmung nach Nord und Ost durch Hecken oder einen Waldrand aus. In hügeligen Gegenden sind Standorte an Süd-Südwest-Hängen zu bevorzugen. Keinesfalls sollten die Bienen in Senken gestellt werden, in denen sich Kälte stauen kann, die der Gesundheit der Bienen nicht bekommt. Es liegt also auf der Hand, dass der erstbeste Platz im eigenen Garten nicht unbedingt der am besten geeignete sein muss. Reine Sommerstandorte, die zur Rapsblüte oder Waldtracht angewandert werden, sind besser nach Ost-Südost auszurichten. Die Morgensonne lockt dann die Bienen schon früh heraus. Die Feuchtigkeit während der Morgenstunden begünstigt die Nektarsekretion der Blüten und hält den Honigtau schön feucht. In der heißen Mittagssonne lassen die Erträge nach. Dennoch muss ein Überwinterungsstandort nach Süden offen sein.

Vor einer Hecke oder einem Gebäude stehen die Bienen windgeschützt. Weidevieh wird nicht gefährdet, sollte aber keinen direkten Zugang zu den Kästen haben (Weidezaun).

Weiden sind die wichtigsten Frühjahrspollenlieferanten.

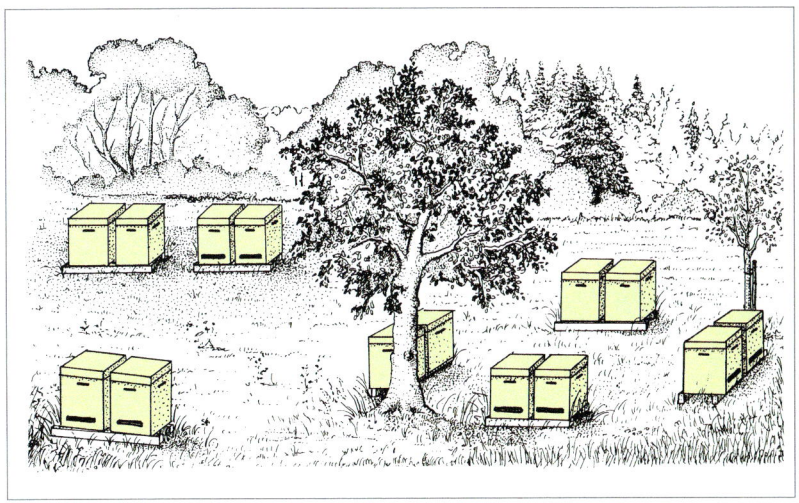

Kleine Gruppen mit unterschiedlichen Flugrichtungen erleichtern heimkehrenden Bienen die Orientierung und dem Imker die Bearbeitung der Stöcke.

Im Gegensatz zu sterilen Rasenflächen bieten Blumenwiesen vielen Insekten ein reiches Angebot.

Empfehlenswerte Bienenweidepflanzen

Bäume:
alle Obstbaumarten, besonders Wildformen, auch Zierarten
alle Ahornarten
Winter- und Sommerlinden, jedoch keine Krim- oder Silberlinden
(bienengiftiger Nektar)
Eiche
Eberesche (Vogelbeere) auch die essbare Edeleberesche (*Sorbus aucuparia moravica*)
Rote Rosskastanie
Edelkastanie
alle Weidearten, auch weibliche (Nektar)
Traubenkirsche
Robinie
Götterbaum

Sträucher:

Cotoneaster
Kirschlorbeer
Hartriegel
Haselnuss (frühester Pollenspender)
Heidearten (Besen-Glocken-Schneeheide)
Kornelkirsche
Liguster
Mispel

alle Beerensträucher
Wildrosen
Schlehe
Weißdorn
Schneebeere
Stechpalme
Faulbaum

Kletterpflanzen:

Efeu
Schlingknöterich
Glyzine
Wicken
Kapuzinerkresse

Kletterrosen (nicht gefüllte)
Geißblatt
Wilder Wein
Feuerbohnen
Kletterhortensie

Zwischenfrüchte im Garten- und Ackerbau:

Buchweizen
Senf
Sommerraps

Büschelschön (*Phacelia*)
Sonnenblume
Rübsen

Bepflanzung von Blumenkästen:
Im Frühjahr:
Zwiebelgewächse wie Blaustern, Märzenbecher, Schneeglöckchen, Traubenhyazinthen, Winterling, Krokus
Herbst – Winter – Frühjahr:
Heidearten
Im Sommer:
Dahlien (kleinwüchsige Sorten mit nicht gefüllten Blüten)
Margeriten
Verbenen

Blühende Gemüse- und Gewürzpflanzen:

Thymian
Majoran
Boretsch
Basilikum
Melisse
Schnittlauch
Kresse
Salbei

Brokkoli
Bohnen
Paprika
Zucchini
Topinambur

Stauden (ein- und mehrjährige):

Astern
Blaukissen
Blutweiderich
Diptam
Edeldisteln
Fetthenne

Dahlien (ungefüllte!)
Gamander
Blaue Himmelsleiter
Leinkraut
Mohn
Spierstaude

Empfehlenswerte Bienenweidepflanzen (Fortsetzung)

Stauden (ein- und mehrjährige):
Flockenblume
Goldrute
Bärenklauarten
Lavendel
Malven
Schafgarbe
Storchschnabel

Einjährige Blumen:

Balsamine	Glockenblume
Kornblume	Malven
Ringelblume	

Einsaat im Ödland:

Steinklee	Wicken
Lupinen	Natternkopf
Weidenröschen	

Blumenwiese:
Mischungen müssen Standort (Boden, Klima) angepasst sein; Beratung im guten
Samen-Fachgeschäft ist empfehlenswert

Die Morgensonne im Winter hat nur wenig Kraft, während sie nachmittags genügend Wärme für den lebensnotwendigen Reinigungsflug spenden kann.

Selbstverständlich muss ein Bienenstandort auch danach ausgesucht werden, ob seine Umgebung den Bienen genügend Nahrung bietet. Bunte Gärten in Dörfern und Städten, Friedhöfe, Parks und blühende Alleen sind eine gute Grundlage innerhalb eines Ortes. In der freien Landschaft ist für einen Dauerstandort auf eine abwechslungsreiche Flora zu achten. Wiesen, Obstbau (möglichst Streuobstbau), breite, artenreiche Feldraine und alles möglichst großzügig mit Feldgehölzen durchzogen. Auch Waldnähe ist immer positiv zu bewerten. Besonders Mischwald bietet eine herrliche Vielfalt wertvoller Trachtpflanzen.

Der Imker kann auch selbst erheblich zur Verbesserung der Bienenweide beitragen. Eine ausgeklügelte Stecklingvermehrung von verschiedenen Weiden kann ein Frühjahrsangebot an Pollen und Nektar (weibliche Weide) über viele Wochen bis zum Beginn der Obstblüte liefern. Aber nicht nur Weiden, auch andere Trachtpflanzen helfen die Nahrungsgrundlage der Bienen zu verbessern. Dabei wählt man am besten solche Pflanzen aus, die dann blühen, wenn in der Umgebung nichts oder nur wenig geboten wird. Ein weites Experimentierfeld bietet der eigene Garten. Der Rasen muss in eine Blumenwiese umgewandelt werden, Koniferen sind durch blühende Bäume und Sträucher zu ersetzen und Balkonkästen müssen nicht unbedingt mit Geranien bepflanzt sein. Dies bringt zwar alles noch keinen Honig. Es ist ein Tropfen auf den heißen Stein. Ein ehrlicher Imker darf aber nicht mit Fingern auf den bösen Nachbarn oder Landwirt zeigen, wenn sein eigener Garten selbst einer sterilen Monolandschaft gleicht.

Erste Anschaffungen

Viele Geräte und Hilfsmittel werden vom Spezialhandel zum Verkauf angepriesen. Einiges davon kann man aber auch selbst herstellen, oder muss es sogar, weil es im Angebot fehlt. Ein Imker sollte also über etwas handwerkliches Geschick verfügen. Besonders einfach haben es solche, die an der Holzverarbeitung Freude haben, denn die meisten Geräte der Imkerei sind aus Holz gefertigt. Aber auch andere Werkstoffe wie Metall und Kunststoffe lassen sich gut mit Bienen in Verbindung bringen. Geborene Bastler brauchen demnach nur geringes Kapital für einen kleinen Bienenbestand. Muss alles gekauft werden, wird es erheblich teurer (vergleiche dazu die Übersicht auf Seite 76).

Die ersten Bienen kauft man sich am besten im Frühjahr, in den Monaten April und Mai. Sie sind zu dieser Jahreszeit zwar etwas teurer, aber man trägt kein Überwinterungsrisiko. Der Imkerverein kann Vermittler zu einem Anbieter sein. Man nimmt sich beim Kauf einen Imker seines Vertrauens mit, um die Völker zu begutachten. Die Waben können nun sofort in die mitgebrachten Kästen umgesetzt werden (auf das Rähmchenmaß achten!) oder man nimmt die Bienen nach Einbruch der Dämmerung in den fremden Beuten mit zum eigenen Standort. Vom Verkäufer ist ein Gesundheitszeugnis seiner Bienen zu verlangen.

Für den Anfang kauft man nicht nur ein Volk, da beim neugierigen Anfänger durch zu häufige und zu lange Störungen beim Nachschauen immer größere Verluste auftreten. Wenn man im Frühjahr zwei bis drei gute Bienenstöcke erwirbt und später zwei bis drei Schwärme dazu, so ist man mit etwa fünf Völkern gut gerüstet. Unter diesen Bestand sollte ein Imker aus Risikogründen nie gehen. Schwärme bekommt man manchmal auch geschenkt. Wenn man sie regelmäßig etwas füttert, bauen sie eine Menge Mittelwände zu Waben aus. Ein Schwarm eignet sich besonders gut zur Beobachtung des Bauverhaltens und der Brutentwicklung.

Beutenformen und Rähmchenmaß

Vor enorme Probleme sieht sich der Neuling beim unübersehbaren Angebot an verschiedenen Beutenformen und Rähmchenmaßen gestellt. Jeder Imker, den er kennen lernt und um Rat fragt, wird natürlich sein eigenes System als bestes anpreisen. Der oberste Grundsatz muss lauten: so einfach und billig wie möglich. Die Magazinbeuten werden

Kosten für den Anfang

	Kauf (ca.-Preise in €)	Eigenbau (geschätzter Aufwand ohne Arbeitszeit)
Je Volk:		
einfache Holzbeute (5 Magazine, Boden, Deckel)	150,–	80,–
Rähmchen	40,–	20,–
Mittelwände 1 kg (später durchschnittlich 10 Stück je Volk)	9,–	Selbstherstellung möglich, doch mit erheblichen Investitionskosten verbunden
1 Bienenvolk im Frühjahr auf 18 Waben, erweiterungsfähig	120,–	später Eigenvermehrung

Grundausstattung:

		Kauf (ca.-Preise in €)
1 Smoker	beste Qualität	28,–
1 Stockmeißel		12,–
1 Besen		8,–
Schutzkleidung(Bluse mit Gesichtsschutz und Handschuhe)		50,–
1 Einlöttrafo		55,–
Wabendraht rostfrei, Durchmesser 0,4 mm, 250 g für etwa 130 Rähmchen		5,–

Spätere Kosten

	neu	gebraucht
1 Honigschleuder rostfrei für 4 Waben, ohne Motor	450,–	
12,5 kg Honigbehälter (Kunststoff), je Behälter	3,–	Wert je nach technischem Zustand und Alter
Entdeckelungsgeschirr	120,–	
Entdeckelungsgabel	10,–	
Honigsieb	35,–	
Sonnenwachsschmelzer	155,–	Eigenbau aus altem Fenster, isolierter Holzkiste und nichtrostendem Metalleinsatz möglich

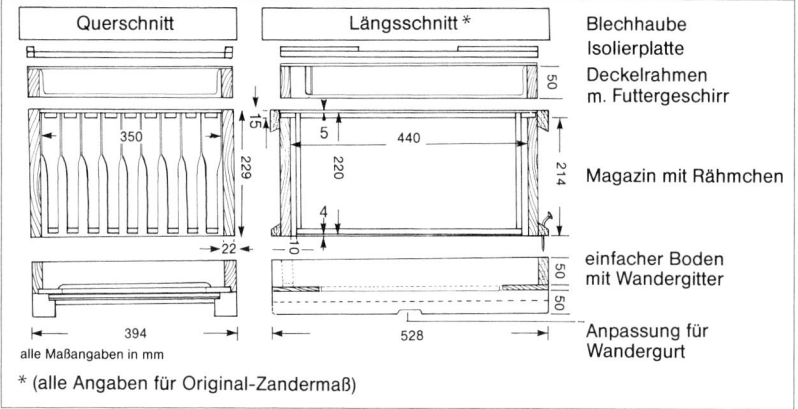

Beispiel einer einfachen Magazinbeute mit Futtergeschirr und Wanderboden. Magazin mit neun Waben (nach K. Pfefferle).

diesem Grundsatz am ehesten gerecht. Leider werden auch sie mitunter mit vielem unnötigen Schnickschnack angefertigt. Eine rationelle Bienenwohnung darf nur mit **einem** Wabenmaß betrieben werden. Es sollte sowohl den Lebensbedingungen der Bienen, als auch den Anforderungen des Imkers genügen. In der Praxis der Magazinimker hat sich das Zandermaß (22 × 42 cm) am besten bewährt und ist zwischenzeitlich im deutschsprachigen Raum am weitesten verbreitet. Es ist nur um weniges kürzer als das Weltmaß von Langstroth (44,8 × 23,2 cm) hat aber demgegenüber den Vorteil der meterischen Abmessung und des geringeren Holzanteiles. Holz im Bienenvolk ist immer ein Störfaktor, der so gering wie möglich gehalten werden muss. Auch die Anzahl der Waben je Magazin ist unterschiedlich. Sie variiert zwischen acht und zwölf. Acht Waben engen das Bienenvolk zu sehr ein. Mehr als zehn Waben erschweren die Bearbei-

tung der Bienen und den Transport der Honigräume durch das erhöhte Gewicht. Neun Waben-Magazine werden als idealer Kompromiss angesehen.

Weitere Forderungen an eine gute Bienenwohnung sind: ein Futtergeschirr im Deckel für Not- und Reizfütterungen sowie eine Wanderlüftung im Boden.

Der Selbstbau einer einfachen Magazinbeute

Das Holz zur Beutenherstellung (am besten Weymouthskiefer) sollte lediglich lufttrocken sein. Es braucht nicht dem Trockengrad von Möbelholz zu entsprechen, da es ja ständig im Freien oder in ungeheizten Lagern stehen wird. Zu trocken verarbeitetes Holz würde sich im Feuchten sehr bald werfen.

Auf die einzelnen Schritte des Herstellungsprozesses einzugehen, würde hier sicher zu weit führen. Für den Unkundigen gibt es eine große Auswahl von

Zweier-Gruppen im Quadrat aufgestellt sind bequem zu bearbeiten und begünstigen den Bienenflug.

Fachliteratur über die Grundlagen der Holzverarbeitung. Stichpunktartig sei hier nur Folgendes vermerkt:

1. Das Holz wird gehobelt oder etwa 3 bis 5 mm dicker als die endgültige Hobelstärke eingekauft.
2. Die Bretter werden in handliche Längen geschnitten (etwa 2- bis 3-faches Fertigmaß).
3. Die »Waldkanten« werden abgesägt (»Besäumen«), falls nicht schon von vornherein besäumte Ware eingekauft wurde.
4. Die Bretter mit dem Herzstück werden zusätzlich in der Mitte aufgetrennt, da diese sich sonst unwillkürlich werfen würden.
5. Die nun vorhandenen Bretter werden nur in den wenigsten Fällen die ausreichende Breite haben (229 bzw. 214 mm Fertigmaß). Sägekanten werden deshalb plangehobelt (gefügt), um eine saubere Klebekante zu erhalten.
6. Zusammenleimen der Rohbretter auf gut doppelte Breite.
7. Ungehobelte Bretter abrichten und auf Dicke hobeln.
8. Bretter auf endgültige Breite sägen.
9. Bretter ablängen.
10. Aus dem schmaleren Restholz werden Griffleisten, die unteren Abgrenzungsleisten sowie Bauteile für Böden und Deckel zurechtgeschnitten. Noch schmalere Streifen werden zu Rähmchen verarbeitet.
11. Zusammenbau der Teile mit wasserfestem Holzleim und Nägeln oder Schnellbauschrauben.

Als Deckel kann ein einfacher, analog zu den Magazinen hergestellter 50 mm hoher Holzrahmen gefertigt werden, der ein Kunststoff-Futtergeschirr aufnehmen kann. Solche Futtertröge sind im Imkerfachhandel erhältlich. Als weitere Abdeckung wird eine isolierende bitumierte Weichfaserplatte aufgelegt, wel-

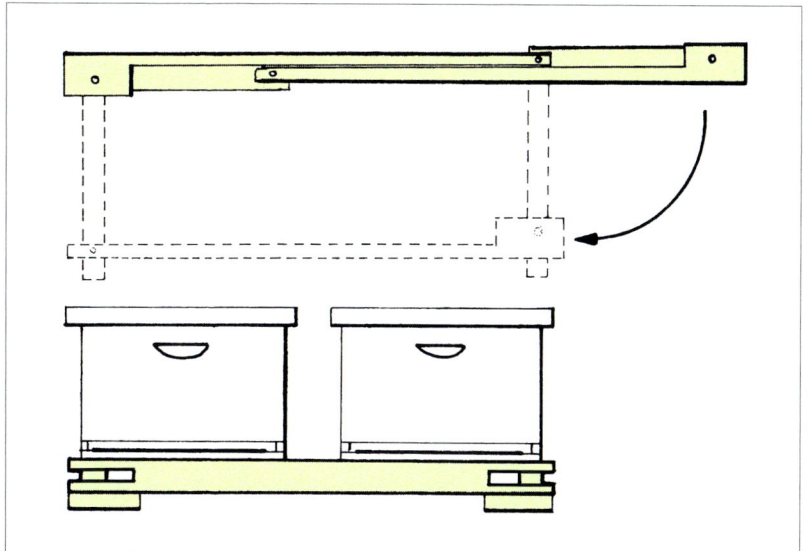

Dieser einfache Wanderbock wird aus Holz gefertigt und mit Holzschutz versehen. Zusammengeklappt bringt man viele davon im PKW-Kofferraum unter.

che entsprechend den Außenmaßen bündig zugeschnitten wurde (im Baustoffhandel erhältlich). Als Wetterschutz wird am besten eine Blechhaube gefertigt und über den Futterdeckel gestülpt.

Der Gitterboden ermöglicht eine problemlose Wanderung und zugleich eine einfache Kontrolle der Varroamilbe. Das Flugloch kann mit Schaumstoff verschlossen werden.

Der Anstrich der Beute erfolgt nur auf den Außenflächen sowie den Ober- und Unterkanten. Der in Imkerkreisen übliche Leinölfirnis bietet nur einen kurzlebigen Holzschutz. Neuzeitliche, moderne Holzschutzlasuren auf Acryl-Basis sind dauerhafter. Sie dürfen jedoch keinesfalls bienengiftige Substanzen enthalten!

Bei der vorgegebenen Konstruktion sind keine Falze zur besseren Stapelsicherheit vorgesehen. Diese bedeuten einen wesentlich höheren Arbeitsaufwand, besonders dann, wenn keine Fräsmaschine vorhanden ist. Als Ausgleich dafür sind in den oberen Griff- und unteren Abgrenzungsleisten Bohrlöcher vorgesehen, durch welcher der Magazinstapel mit einem Nagel gesichert werden kann. Zur Wanderung bietet ein guter Spanngurt genügend Sicherheit.

Die ersten Bienen lassen sich auf ein einfaches Balkenlager stellen. Mit den Jahren sollte man sich aber eine leichte, zusammenklappbare Unterlage fertigen. Die in dem Bauplan (siehe oben) gezeigte ist ausgesprochen praktisch und zur Wanderung besonders geeignet.

*Das wichtigste Werkzeug des Imkers: Stock-
meißel, Besen und Rauchbläser (Smoker).*

Weiteres Zubehör

Früher war es oft üblich, dem Neuling
eine »Feuertaufe« zu erteilen, indem
man ihn ohne Schutzkleidung an die
Bienen ließ. Vielen wurde der Spaß dabei vergällt. Besser ist es, zunächst entsprechende Schutzkleidung zu tragen.
Mindestens das empfindliche Gesicht
sollte geschützt werden. Besonders gut
eignen sich Imkerblusen mit einer durch
Reißverschluss bienendicht verbun-
denen Schutzhaube. Auch ganze Imker-
anzüge sind zu empfehlen, die zusätzlich die normale Kleidung schonen. Mit
Handschuhen aus Leder mit festen
Stoffstulpen ist man immer gut geschützt. Bei der Gewöhnung an das Bie-
nengift sollte man sie aber nur in Aus-
nahmesituationen benutzen, z. B. wenn

die Bienen ausgesprochen stechlustig
sind oder der Körper anfänglich noch zu
stark auf Stiche reagiert. Bienenstiche
müssen aber auch als Lektion für den
falschen Umgang mit den Bienen ge-
wertet werden. Mit absolut bienendich-
ter Kleidung ist das ungeschützte Arbeiten, zu dem jeder Fortgeschrittene eines
Tages gelangen sollte, nicht erlernbar.

Smoker, Stockmeißel und Besen gehören zur Grundausstattung und sind
wesentlich wichtiger als die Schutzkleidung. Auf gute Qualität ist beim Ein-
kauf zu achten! Der Smoker sollte einfach und unkompliziert mit Blasebalg
ausgestattet sein, der Stockmeißel aus
bestem Stahl und der Besen handlich
mit einer dichten Reihe kräftiger Natur-
borsten.

Später muss der Neuling natürlich
auch an die Beschaffung einer Honigschleuder und der dazugehörenden Gerätschaften denken. Anfänglich bietet
sich aber vielleicht die Möglichkeit, die
ersten Honigwaben bei einem Imkerkol-
legen auszuschleudern. Nicht selten
werden auch gebrauchte, preisgünstige
Geräte in der Fachpresse angeboten. Die
Größe der Schleuder sollte aber immer
dem Völkerbestand angepasst sein. In
der Praxis haben sich Schleudern mit
gerader Wabenzahl (4, 6 usw.) am besten bewährt. Dabei sollte rostfreiem
Material aus hygienischen Gründen immer der Vorzug gegeben werden. Honigbehälter aus nicht rostendem Metall
sind recht teuer. Deshalb werden auch
entsprechende Kübel aus geeignetem
Kunststoff zu günstigeren Preisen angeboten.

Vielfach wird auch ein Bienenhaus als
Voraussetzung für den Beginn einer Bienenhaltung angesehen. Darauf kann je-

doch verzichtet werden. Die Bienen kann man ohne Weiteres im Freien aufstellen, wie dies auch große Berufsimker weltweit tun. Die Kosten für ein solches größeres Bauvorhaben können nämlich leicht die Rentabilität einer kleinen Bienenhaltung aus den Angeln heben. Ein Bienenhaus ist genehmigungspflichtig, was den Nachweis ausreichender Fachkenntnisse erfordert und die Dauerhaftigkeit der Imkerei voraussetzt. Das Gebäude muss der Betriebsgröße angepasst sein und darf nur in einfacher Holzbauweise ausgeführt werden. Wer nach einigen Praxisjahren aus besonderen Gründen ein Bienenhaus benötigt, lässt sich zuvor vom Bienenzuchtberater, der Baubehörde oder vom Imkerverband ausgiebig beraten.

Aus- und Weiterbildung

Da sich die Imkerei allein aus Büchern nicht lernen lässt, ist der Anschluss an einen Imkerverein fast unerlässlich. Aktive Vereine führen regelmäßig theoretische und praktische Kurse durch. Darüber hinaus findet man Kontakt zu anderen Kollegen, um Rat einzuholen und Erfahrungen auszutauschen. Man erfährt, wer Bienen verkauft und zu welchem Preis und wo die nötigen Gerätschaften eingekauft werden können. Nicht zuletzt ist der Beitrag im Verein mit einer Versicherung verbunden, ohne die kein verantwortungsbewusster Imker auskommt (z. B. Haftpflicht, Rechtsschutz usw.).

Über den Umgang mit Bienen

Der neugierige Imker

Er guckt um vier Uhr schon am Morgen,
und spät am Abend guckt er noch;
guckt mit Vergnügen, guckt mit Sorgen,
guckt in die Gassen, guckt ins Loch.
Er guckt, wenn scharf die Stürme gehen.
Er guckt nach Überfluss und Not.
Er guckt, wenn lau die Lüfte wehen
Er guckt das arme Tierchen tot.

Jung-Klaus
(alias Franz Tobisch, 1865–1934)

Einsatz des Smokers

Gut vorbereitet zu sein ist das Wichtigste. Man muss sich zuvor im Klaren sein, was man vorhat und was einen erwartet. Je nach Erfordernis müssen Magazine mit Waben und Mittelwänden, Ablegerkästchen, Futterwaben usw. bereitstehen, wenn sie gebraucht werden. Bei allen Eingriffen in die Bienenvölker sind aber drei Dinge unverzichtbar: Smoker, Stockmeißel und Besen. Der gut funktionierende Raucher hilft die Bienen einzuschüchtern. Sie werden durchaus nicht beruhigt, wie viele Imker meinen. Eine »Urangst« vor dem Feuer ist diesen Insekten bis heute fest vererbt. Rauch steht für »Waldbrand« und ist gleichbedeutend mit dem sicheren Tod. Also stürzen sich die dem Rauch ausgesetzten Stockinsassen auf die Futtervorräte, um für die Flucht gerüstet zu sein. Gut gesättigt sind sie dann auch sanfter. Die Flucht bleibt dann allerdings aus, denn der Eingriff ist in einigen Minuten erledigt. Bei den afrikanischen

Bienen ist dieser Trieb jedoch noch so stark ausgeprägt, dass sie bei nur geringer Überdosierung des Rauches den Kasten verlassen und eine neue Behausung suchen. Befeuert wird der Smoker mit allem brennbaren Pflanzenmaterial, am besten mit Jute (z. B. alte Kartoffelsäcke) oder Sisal, keinesfalls aber mit Tabak, der die Bienen zu sehr betäubt.

Öffnen der Beute

Mit dem Stockmeißel wird der fest gebaute und verkittete Deckel abgehoben. Ein kurzer Augenblick genügt, die Volksstärke zu beurteilen, dann wird sogleich Rauch gegeben. Nicht vorsichtig und zögernd, sondern mit kräftigen Stößen dicken Qualmes auf die Bienen. Besteht das Volk aus verschiedenen Einheiten und es soll Nachschau in der untersten gehalten werden, sind zuerst die einzelnen Magazine zügig unter Verwendung von wenig Rauch abzusetzen. Beginne ich von oben mit der Nachschau und will später weiter unten kontrollieren, quellen dort die Bienen wie ein überkochender Brei heraus und werden beim Weiterarbeiten in großen Mengen zerdrückt. Dies kommt daher, weil die Bienen während der Bearbeitung immer wieder mit Rauch in Schach gehalten werden müssen und damit mehr und mehr nach unten abgetrieben werden. Wann von neuem Rauch gegeben werden muss, ist am Verhalten der Bienen zu erkennen. Zunächst nur einige, dann immer mehr und mehr beginnen startbereit mit gespreizten Flügeln aus den Wabengassen hervorzukommen, um sich blitzschnell auf jegliches bewegte Objekt zu stürzen. Die ersten »Wegelagerer« rechtzeitig zu erkennen und mit kräftigen Rauchstößen einzuschüch-

Nach dem Öffnen der Beute wird erst der Bienensitz taxiert (Volksstärke) ...

tern, ist das Wichtigste für eine Bienen-
arbeit ohne Stiche. Danach kann wieder
ungestört weitergearbeitet werden.
Viele Imker sind nicht nur in der Handhabung des Rauches viel zu sparsam,
sondern es herrscht auch im Umgang
mit den besetzten Magazinen und Waben eine völlig falsche Meinung vor. Es
heißt, man solle sich langsam, möglichst in Zeitlupe bewegen, um die Bienen nicht zu reizen. Stattdessen kann
eine allzu behutsame Behandlung die
Bienen eher provozieren als beherztes
Zupacken unter dem Schutz richtiger
Rauchdosierung.

Ein stabiler Stockmeißel hilft die Magazine abzuheben. Vor dem Ziehen einer Wabe wird durch Ausnutzung der
Hebelwirkung zunächst Platz gemacht,
indem man die fest verkitteten Waben
nach einer Seite zusammenschiebt. Neben der verbreiterten Wabengasse kann

nun eine Wabe entnommen und besichtigt werden. Vorsicht jedoch im Bereich
des Brutnestes: Schnell kommt die Königin in Gefahr! Der Ungeübte sollte immer zuerst vom Rand einer Wabe ziehen
und beiseite stellen. Die so verbreiterte
Wabengasse erlaubt es einem, sich zur
Mitte hin vorzuarbeiten und die Waben
beliebig herauszunehmen. Man muss
sich aber trotzdem im Klaren sein: Jede
Störung im Bienenvolk ist auch eine Gefährdung für die Königin.

Beim Zurücksetzen der einzelnen
Einheiten ist darauf zu achten, ob sich
jeweils an der Unterseite Bienen zu
ganzen Klumpen gesammelt haben. Sie
würden beim Zusammensetzen unwei-
gerlich zerquetscht, weshalb man sie
mit etwas Rauch zerstreut oder mit dem
Besen entfernt.

Manchmal sind Waben bienenfrei zu
machen, zum Beispiel zur Ablegerbil-

... erst dann gibt man kräftig Rauch.

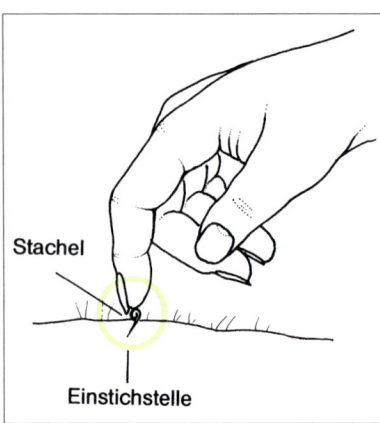

Einen Bienenstachel entfernt man mit dem Fingernagel, ohne die Giftblase auszudrücken.

dung oder Honigentnahme. Dazu bedient man sich des Besens. Auch hier ist zaghaftes Abwischen der Bienen fehl am Platz. Bei richtigem Gebrauch des Besens, in kurzen, kräftigen Bewegungen fliegen die Bienen durch den Federdruck der Borsten in die Beute zurück oder in den zu befüllenden Ablegerkasten.

Bei der Arbeit an den Bienen muss immer in gleicher Weise verfahren werden. Wer es einmal ohne Rauch probiert, kann auch später, nachdem er den Rückzug angetreten hat, seine Bienen nicht mehr mit dem dicksten Qualm bändigen. Ursprünglich sanftmütige Bienen können sich bei falscher Behandlung und wenn der Imker ein »Angsthase« ist, sehr schnell unliebsame Gewohnheiten aneignen und frech werden.

Verhalten bei Bienenstichen

Selbst die dickste Bekleidung kann nicht immer vor einem Bienenstich schützen.

Zur Brutförderung drückt man im Frühjahr verdeckeltes Futter auf.

Entscheidend für die Auswirkungen eines Stiches – ob die Schwellung stark oder schwächer ausfällt – ist das richtige Verhalten des Gestochenen. Dies gilt auch für alte Imker, die über eine gewisse Immunisierung verfügen.

Der Bienenstachel bleibt in der menschlichen Haut stecken und mit ihm die gefüllte Giftblase, die in pulsierenden Bewegungen das Gift in den Körper pumpt. Dass die Biene bei diesem Vorgang stirbt, mag zwar heldenhaft erscheinen, verringert aber kaum den Schmerz. Es gilt nun sehr schnell den Stachel mithilfe des Fingernagels auszuhebeln, ohne auf die Giftblase zu drücken. Keinesfalls darf mit zwei Fingernägeln zangenförmig oder gar mit einer Pinzette gearbeitet werden. Das gesamte Gift würde dann ähnlich einer Injektion in die Wunde eingedrückt.

So kann durch richtiges Verhalten die Giftmenge und somit die Auswirkung sehr niedrig gehalten werden. Etwas Insektenstich-Gel schafft sofort Linderung. Bei seltenen Überreaktionen des Körpers, z. B. Schwellung weit ab von der Einstichstelle, Nesselfieber, Unwohlsein usw., ist sofort ein Arzt aufzusuchen.

Der Jahresablauf in einer Imkerei

Die Wintermonate sind der Vorbereitung gewidmet. Die Geräte und leeren Beuten des Vorjahres sind zu reinigen und zu pflegen. Alte Waben werden aussortiert, ausgeschnitten oder eingeschmolzen. Neue Rähmchen sind zu drahten und mit frischen Mittelwänden zu versehen. Wer am Beginn steht oder seinen Bestand aufstocken will, wird darüber hinaus in dieser ruhigen Zeit neue Beuten und Rähmchen bauen. Im Übrigen hat man zwischen gelegentlichen Kontrollgängen zu den Bienen genügend Muse, um sich mit Büchern, Zeitschriften und durch Fachgespräche auf den zahlreichen imkerlichen Veranstaltungen weiterzubilden.

Je nach Witterungsverlauf und Standort wird zwischen Anfang März und Anfang April die erste rasche Kontrolle vorgenommen. Sind Völker eingegangen oder überdurchschnittlich geschwächt, werden die leeren Beuten eingesammelt. Etwaige Futterreste können zur

Die bunten Pollenhöschen laden die Bienen in den brutnahen Zellen ab und stampfen sie mit dem Kopf fest zusammen. Das hat eine konservierende Milchsäuregärung zur Folge.

»Räuberei« und somit zur Gefährdung weiterer Völker führen. In den übrigen Bienenstöcken wird vor allem der Futtervorrat kontrolliert. Im Notfall muss man zufüttern oder von Völkern, die besser versorgt sind, Futterwaben entnehmen. Wurden die Bienen vor dem Winter mit ausreichend Zucker versehen, dürfte dies aber nicht notwendig werden.

Zu Beginn der Weidenblüte erfolgt die erste brutfördernde Maßnahme (Reizung). Dazu wird ein Teil der verdeckelten Futtervorräte über dem beginnen-

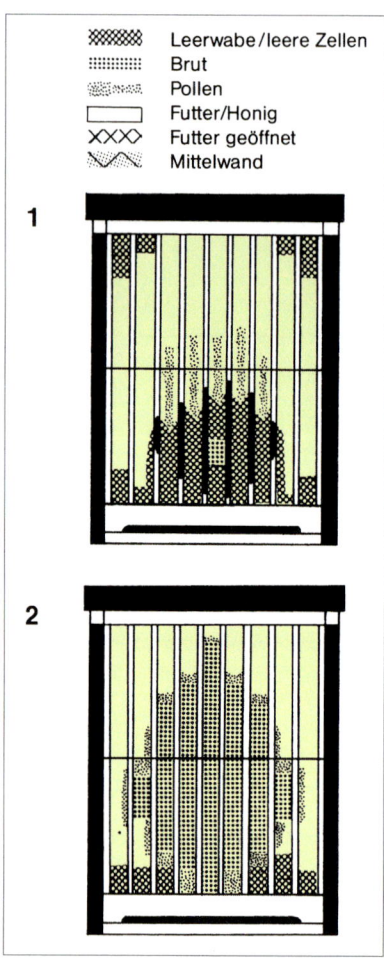

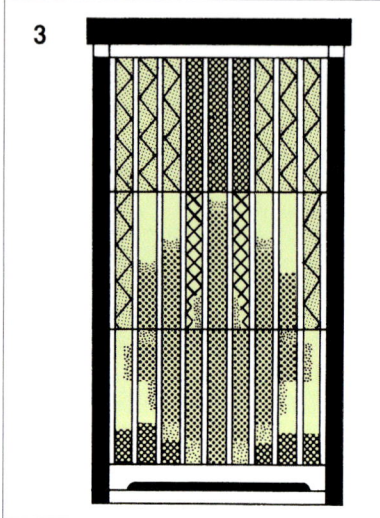

1. Querschnitt durch ein Bienenvolk im Winter
2. Wachsendes Brutnest im Frühjahr
3. Erweiterung

den Brutnest mit dem Stockmeißel aufgedrückt. Die Bienen leben nun plötzlich im Überfluss, tragen die bislang verschlossenen Reichtümer in die äußeren Bezirke der Waben und schaffen so Platz für die Eier legende Königin. Dies wird in zeitlichen Abständen, die sich nach der Wetterentwicklung richten, wiederholt,

bis der Überwinterungsraum für die angewachsene Bienen- und Brutmasse nicht mehr ausreicht. Dann, meist noch vor der Obstblüte, ist eine Erweiterung notwendig. Dazu wird einfach ein Magazin mit drei bis vier ausgebauten Waben in der Mitte und Mittelwänden rechts und links auf das aufstrebende Volk aufgesetzt. Die Waben müssen dabei honigfeucht sein, d. h., es haften ihnen noch klebrige Reste der vorjährigen Honigernte an. Trockene Waben sind mit Zucker- oder Honigwasser tüchtig zu benetzen.

Das Volk wächst nun in die neue Einheit empor, trägt Pollen und Honig ein, legt Brut an und beginnt, die dem Wabenkern angrenzenden Mittelwände auszubauen. Nach und nach können diese in das neue Brutnest gegeben werden. Eines Tages wird auch die erweiterte Behausung zu klein. Es muss erneut vergrößert werden. Dies geschieht diesmal mit fünf bis sechs Waben in der Mitte eines Magazines, außen werden die Mittelwände in entsprechend geringerer Zahl platziert.

Ab Anfang Mai ist mit Schwarmtrieb zu rechnen, der sich im neuntägigen Turnus sicher kontrollieren lässt. Der Wochenendimker kann dies auch wöchentlich tun. Dazu werden die einzelnen Magazine abgehoben und von unten auf die verschiedenen Stadien von Königinnenzellen kontrolliert (vom Näpfchen, leer und bestiftet, bis zur verdeckelten Weiselzelle). Besonders zwischen erstem und zweitem Magazin müssen die Wabengassen und -ränder gründlich untersucht werden. Ist das Malheur passiert und Zellen bestiftet oder gar schon verdeckelt, sind gravierende Eingriffe erforderlich. Sie laufen immer auf die Teilung des Volkes hinaus, ehe es sich selbst durch Abgang eines Schwarmes teilt, der uns doch meistens durch die Lappen geht. So weit lässt es ein aufmerksamer Imker aber gar nicht kommen. Rechtzeitige Jungvolkbildung und regelmäßige Königinnenzucht wirken dem Schwarmtrieb entgegen, zum einen durch gezielte Schwächung der stärksten Völker, zum anderen durch die naturgemäße Schwarmträgheit junger Königinnen.

Der Vermehrungsphase des Frühjahres schließt sich, manchmal früher, manchmal später, die Zeit der Vorratsbeschaffung an. Das bedeutet, dass die Brut zurückstehen muss, da sich die Bienen jetzt mehr dem Honigeintrag zuwenden. Sie lagern den Honig brutfern

Die Wanderung erfolgt mit einem PKW-Anhänger. Größere Imker haben auch LKWs im Einsatz.

und verdeckeln ihn bei ausreichender Reife.

Bestimmte Trachten müssen mit den Bienen angewandert werden. Die Intensität der Wanderung richtet sich nach dem Standard der Imkerei, der Betriebsgröße und dem Betriebsziel. Ein größerer Imker nimmt häufigere Ortswechsel in Kauf, aber auch für einen Freizeitimker sind kurze Wanderungen interessant, um die Bienen näher an die Tracht zu bringen, was einen wesentlich höheren Ertrag erwarten lässt.

Nach dem 21. Juni werden die Tage wieder kürzer. Den Bienen, die ganz auf den Lauf der Sonne eingestellt sind, entgeht das natürlich nicht. Ab jetzt verlieren sie auch jede Lust am Schwärmen. Ab Mitte Juli/Anfang August entstehen bereits die ersten Winterbienen. Ihre Lebenserwartung zählt nicht mehr nur nach Wochen, sondern nach Monaten, obwohl sie aus den selben Eiern herangewachsen sind wie ihre nur wenige

Bei der Drohnenschlacht werden die »Männer« erst abgedrängt (oben) und schließlich totgestochen (unten).

Tage älteren Schwestern. Sobald die Nächte etwas kühler werden, erkennen die Bienen, dass die Drohnen nun überflüssig geworden sind. Wo man die letzten Reste der Sommernahrung für den Winter spart, sind unnütze Fresser unwillkommen. Man wirft sie kurzerhand hinaus und sticht diejenigen ab, die sich zu sehr dagegen wehren. Der Rest verhungert elend im Freien. Im Spätsommer, Herbst und Winter entpuppt sich das Bienenvolk als reines »Emanzenreich«.

Da der Honig der Überwinterung der Bienen dienen soll, muss er in Form von Zuckerwasser ersetzt werden, das die Bienen ebenso wie zuvor den Nektar oder den Honigtau verarbeiten, in die Zellen einlagern und konservieren. Pro Bienenvolk rechnet man mit etwa 20 kg Zucker. Zuvor bringt der Imker seine Bienen wieder auf den Wintersitz. Die Beutengröße (Zahl der Magazine) wird entsprechend der zurückgehenden Bienenzahl reduziert. In der Regel sind dies zwei Magazine. Bei dieser letzten Durchsicht sind schwächliche Völker aufzulösen. Die Bienen werden vor ein benachbartes Flugloch gefegt, die Brutwaben auf die übrigen Völker verteilt. Damit nimmt man die natürliche Auslese vorweg und sorgt dafür, dass nur stärkste, gesunde Bienenvölker in den Winter gehen.

Die Bevorratung eines gut versorgten Stockes für den Winter ist so angelegt, dass über dem Wintersitz breite Pollenkränze als Eiweißreserve lagern, zur Konservierung dick mit Honig überdeckt und mit Wachs versiegelt. Je umfangreicher der Futtervorrat und je individuenreicher ein Volk ist, umso größer sind seine Chancen, den härtesten Win-

Im Winter stehen die Bienenstöcke oft tief verschneit. Bei gutem Futtervorrat überstehen sie dies ohne Schaden.

ter zu überdauern. In dieser Zeit sitzen alle Stockmitglieder dicht gedrängt zwischen den Wabengassen. Sieht man das Volk im Schnitt, bilden sie eine feste Winterkugel, die sich mit zunehmender Kälte noch dichter zusammenzieht und sich bei Erwärmung mehr und mehr auflöst. Die dicht gedrängte Kugel hat im Inneren eine Temperatur von 35 °C und ermöglicht auch bei Minusgraden in kleinerem Umfang die Anlage von Brut. Die Wärme erzeugen die Bienen durch heftiges Muskelzittern. Sie wird durch engen Kontakt auf die Brutzellen übertragen. Die Bienen laufen sich gewissermaßen im Stand warm. Ihre Energie, ihr Heizmaterial, ist Honig.

Der Jahresablauf einer Imkerei ist, wie oben ersichtlich, eng mit dem Geschehen im Bienenvolk und in der Natur verbunden. Einer langen Winterruhe folgt die rasche Frühjahrsentwicklung und damit die Arbeitsspitze mit Schwarm-

Ob die junge Königin wohl schon Eier legt?

kontrolle und -verhinderung, Königinnenzucht, Jungvolkbildung und mit einigem Glück die Ernte des Frühjahrshonigs. Nach der Sommersonnenwende beginnt es etwas ruhiger zu werden. Der Schwarmtrieb erlischt.

Es müssen aber immer noch die Jungvölker gepflegt und die Wirtschaftsvölker gegebenenfalls in eine neue Tracht gewandelt werden.

Letzte Honigernte und Einfütterung in rascher Folge bilden den Abschluss spätestens Ende August.

Aufbau der Jungvölker und Königinnenzucht

Der Unterschied eines Jungvolkes zu einem Ableger besteht darin, dass es in voller Stärke eines Wirtschaftsvolkes in den Winter gebracht wird, während der Ableger als kleines Gebilde überwintert. Letzteres ist wegen der erhöhten Anfälligkeit jedoch nicht empfehlenswert.

Mit der Jungvolkbildung beginnt man Anfang bis Mitte Mai, wenn man in den Völkern reichlich Schwarmnäpfchen findet. Solange diese noch ohne Eier sind, kann durch Schröpfen von Bienen und Brutwaben der Schwarmtrieb hinausgezögert, wenn nicht gar verhindert werden. Man entnimmt einem Volk zwei bis drei überwiegend verdeckelte Brutwaben und ein bis zwei Honigwaben (falls keine Futterwaben von der Auswinterung zur Verfügung stehen) und hängt sie mit den ansitzenden Bienen in einen leeren, verschlossenen Kasten. Dabei ist streng darauf zu achten, dass man nicht versehentlich die Königin entnimmt. Dieses Verfahren kann durch Verwendung des sogenannten »RuckZuck«-Kästchens nach Imkermeister Pfefferle wesentlich verkürzt und abgesichert werden. Je nach Besatz der Waben werden zusätzlich noch Bienen von zwei bis drei Waben zugefegt. Nachdem der Deckel aufgelegt ist, wird nach Öffnung des Wandergitters das Jungvolk an einem Platz außerhalb des Flugkreises (etwa 3 km) aufgestellt, um die Rückkehr der Flugbienen zu verhindern. Bei Aufstellung am gleichen Platz muss das neue Völkchen wesentlich kräftiger gefüllt werden (etwa zwei bis drei Waben Bienen mehr zufegen), weil ein Teil der Flugbienen in die ehemalige Behausung zurückfliegt.

Nach neun Tagen findet man sogenannte Nachschaffungszellen vor, also Königinnenzellen, die von den Bienen aus jüngster Arbeiterinnenbrut errichtet wurden. Bis auf eine müssen sie alle zerstört werden. In den darauffolgenden

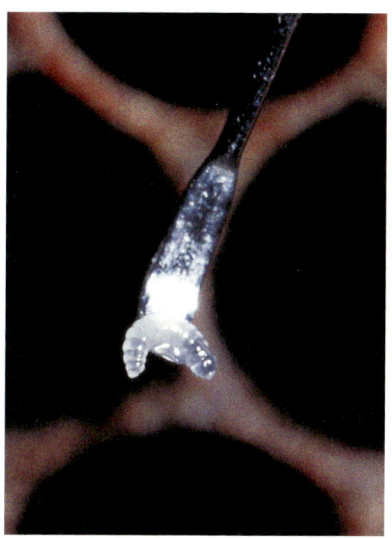

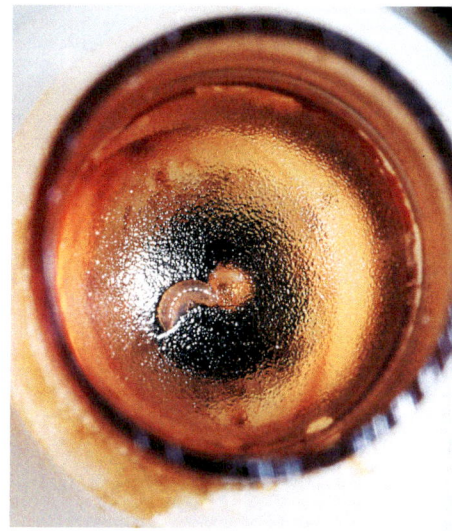

Mit einer Umlarvnadel nimmt man eine junge Larve auf ...

... und legt sie in ein Weiselnäpfchen ab.

drei Tagen schlüpft eine junge Königin, die im Laufe von längstens 14 Tagen begattet wird und in Eilage geht. Ein neues Volk ist gegründet. Bei guter Futterversorgung und rechtzeitiger Erweiterung wächst dieses Gebilde bis zum Spätsommer zu einem strammen, überwinterungsfesten Jungvolk auf zwei Räumen heran.

Einem fortgeschrittenen Imker wird natürlich eine Nachschaffungskönigin nicht mehr genügen, denn sie könnte unter Umständen etwas kleiner geraten sein als eine Zucht- oder Schwarmkönigin. Zudem ist der Zuchtwert unbestimmt, wenn nicht die Brutwaben aus einem zuchtwürdigen Volk entstammen. Dies wird aber selten der Fall sein. Die gezielte Zucht von Königinnen bietet dagegen die Möglichkeit der nahezu unbegrenzten Vermehrung eines be-

stimmten Volkes, denn aus jeder jungen Arbeiterinnenlarve kann eine Königin erwachsen. Man bedient sich dazu am besten der Umlarvtechnik, die sehr kompliziert erscheint, im Grunde jedoch sehr einfach ist. Eine möglichst eintägige Made wird mithilfe einer Umlarvnadel von ihrer ursprünglichen Zelle in ein Weiselnäpfchen umgebettet. Dabei ist es gleichgültig, ob dieses Näpfchen ein natürliches, aus Wachs gefertigtes, oder ein Kunststoffnäpfchen ist. Gibt man mehrere solcher belarvter Zellen in ein starkes Bienenvolk und trennt sie durch ein Absperrgitter von der Königin, so werden einige dieser senkrecht hängenden Larven zu Königinnen herangefüttert. Am neunten Tag findet man eine Anzahl verdeckelter Königinnenzellen vor, die nun in die Ableger verteilt werden können.

Am neunten Tag nach dem Umlarven können die Königinnenzellen auf die Ableger verteilt werden.

Größere Mengen an Königinnen lässt man von weisellosen Völkern, die über keine offene Brut mehr verfügen, pflegen. Sie sind so dem Schicksal ausgeliefert und gezwungen, die zugehängten belarvten Zellen anzunehmen.

Die Erstellung von Jungvölkern und die Königinnenzucht soll hier nur erwähnt werden. Wer sich ernsthaft mit Bienen befasst, sollte sich diesen Themen etwas näher widmen, denn sie gehören zu den interessantesten Bereichen der Imkerei und tragen wesentlich zum Erfolg bei.

Die Gewinnung und der Umgang mit Honig

Die Pflanzenwelt ist eigentlich eine riesige Zuckerfabrik. Mithilfe des Blattgrüns schafft sie es, Lichtenergie aufzunehmen und in organische Verbindungen umzusetzen (Assimilation). Ein Quadratmeter Blattfläche produziert stündlich etwa 1 g Zucker.

In den Siebröhren der Pflanzen fließt der süße Saft in den Wurzelbereich hinunter und wird dort in Form von Stärke gespeichert. Auf diesem Weg gelangt er auch zu den Nektarien der Blüten, die die Bestäuberinsekten anlocken. Verschiedene Pflanzen besitzen auch außerhalb der Blüten Nektardrüsen, sogenannte extraflorale Nektarien (z. B. an

Manchmal findet sich der Honigtau in reichen Spritzern im Unterholz.

Die Nektarien einer Rapsblüte können stecknadelkopfgroße Nektartropfen bilden.

den Blattstielen von Kirschen). Sie werden ebenfalls von Bienen und auch von Ameisen besucht, solange sie den süßen Pflanzensaft ausscheiden.

Während Nektar von den Pflanzen direkt abgegeben wird, ist für die Entstehung von Honigtau ein zusätzlicher »Rohstoffproduzent« notwendig. Blatt-, Rinden- und Schildläuse stechen die Saftbahnen der Pflanzen an, »filtrieren« die für ihr Wachstum wichtigen Eiweißbausteine heraus und scheiden den unverwertbaren süßen Rest wieder aus. Böse Zungen behaupten, Waldhonig stamme demnach von den »Exkrementen« der Läuse. Das ist natürlich falsch! Der ausgeschiedene Zuckersaft ist zwar gegenüber dem Pflanzensaft im positiven Sinne enzymatisch verändert, enthält aber keine Eiweißabbauprodukte. Der Honigtau ist also eine einwandfrei saubere Sache, die nicht nur von den Bienen geschätzt wird, sondern

auch für Ameisen, Wespen, Schwebfliegen und andere Insekten eine wichtige Nahrungsquelle bedeutet. Jeder Honigtau spendende Baum wie Tanne, Fichte, Eiche, Ahorn, Linde usw. hat seine spezifische Fauna an Honigtauerzeugern. Die Kenntnis dieser Lachniden und Lecanien, ihres Vermehrungsverhaltens und die Beurteilung der Besatzdichte bilden die Grundlage für die Waldtracht-Beobachtung. Sie stellt die wichtigste Voraussetzung für eine erfolgreiche Wanderimkerei in Waldgebieten dar. Honigtauhonige sind von dunkler, brauner bis grünschwarzer Farbe. Sie unterscheiden sich gegenüber dem Blütenhonig durch ihren hohen Mineralstoffgehalt (insbesondere Tannenhonig) und ihre höhere keimtötende Wirkung.

Es war schon davon die Rede, dass die Bienen zu gewisser Zeit und bei entsprechender Tracht den »Rohstoff«-Eintrag der Bruttätigkeit vorziehen. Das an-

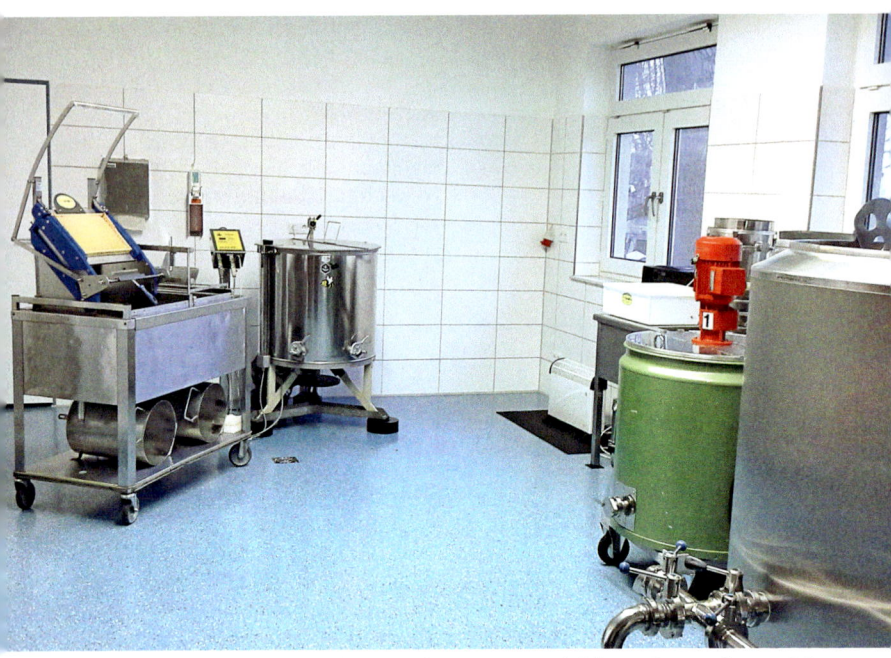

Dieser Schleuderraum ist vorbildlich eingerichtet. Hygiene ist bei der Honigernte oberstes Gebot.

wachsende Honiglager drängt gewissermaßen die Brut nach unten ab. Nach vielfachem Umtragen und Umstapeln des Sammelgutes wird aus dem eingetragenen Nektar oder Honigtau fertiger Honig. Dabei setzen die Bienen dem süßen Stoff ständig körpereigene Enzyme bei. Die vollklimatisierte Stockluft senkt den Wassergehalt des Honigs auf unter 20%.

Das nun reife Produkt versehen die Stockbienen mit einem luftdichten Wachsdeckel. Es wird gewissermaßen versiegelt und wie eine gute Flasche Wein haltbar gemacht. Der Verdeckelungsgrad einer Wabe ist für den Imker ein wichtiger Anhaltspunkt für die Reife des Honigs. Ist sie zu 2/3 mit Wachs überzogen, kann sie geerntet werden. Eine längere Trachtpause erlaubt auch manchmal eine frühere Entnahme. Zur Kontrolle bedient man sich dabei der Klopfprobe: Ein kurzer, kräftiger Schlag auf die Wabe lässt frisch eingetragenen, unreifen Honig wie Wasser herausspritzen; er kann noch nicht geerntet werden.

Bei der Honigentnahme muss der Imker besonders sorgfältig vorgehen. Eine fest verschließbare Wabenkiste (oder ein leeres Magazin mit dichtem Boden und Deckel) steht bereit, die bienenfrei abgefegten Waben aufzunehmen. Besonders während trachtloser Zeit lassen

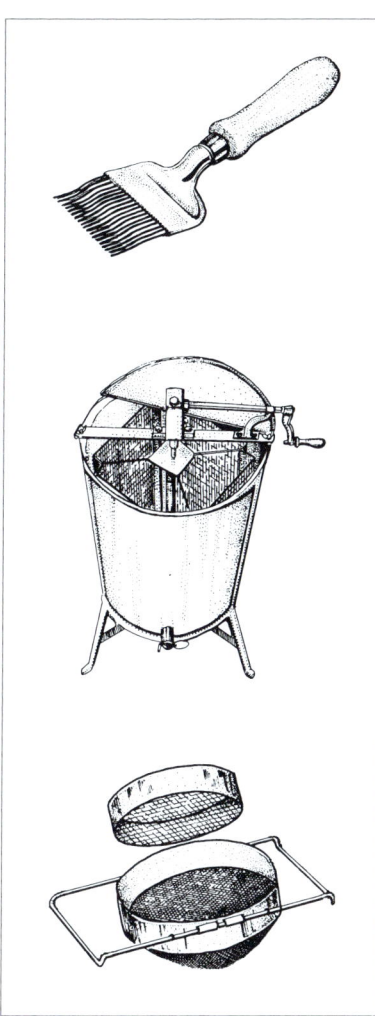

sich die Bienen das nur ungern gefallen. Das sofortige Schließen der Wabenkiste verhindert weitgehend die »Räuberei« oder verzögert sie zumindest. Zur »Räuberei« kann es in trachtloser Zeit kommen, wenn die Bienen durch eine Unvorsichtigkeit des Imkers plötzlich etwas Süßes, Honig oder Zuckerwasser, ausfindig machen und weitere Trachtbienen alarmieren. Sofort bricht ein intensives Suchen an, das so weit gehen kann, dass schwächere Völker durch stärkere restlos ausgeräubert und zerstört werden können. Man darf dies jedoch nicht als Bösartigkeit der Bienen auslegen, denn eine alte Imkerweisheit lautet: »Jeder Räuberei geht voraus eine Eselei« (… des Imkers natürlich). Deshalb ist es auch wichtig, dass die entnommenen Honigwaben erst dann wieder durch leere, ausgeschleuderte ersetzt werden, wenn **alle** Völker des Standes abgeerntet sind. Die Bienen nehmen es auch nicht übel, wenn sie 24 Stunden

Von oben nach unten: Die Grundausstattung zur Honigernte besteht aus einer Entdeckungsgabel zum Vorbereiten der Honigwaben (oben), einer Honigschleuder (Mitte) und einem Honigsieb mit grobem und feinem Einsatz (unten), das auf den Honigbehälter aufgelegt und unter den Ablasshahn der Schleuder gestellt wird.

Das beheizte Messer schneidet die Zelldeckel sauber ab, ohne die Zellwände zu verletzen.

Was im Umgang mit Honig weiter zu beachten ist

Besondere Eigenschaften des Honigs:	Bei der Verarbeitung und Lagerung ergibt sich daraus:
Honig zieht bei über 65% relativer Luftfeuchtigkeit Wasser an, er ist hygroskopisch	Bei Ernte und Aufbereitung in trockenen, gegebenenfalls beheizten und belüfteten Räumen arbeiten; dicht schließende Lagerbehälter verwenden
Viele Enzyme des Honigs sind wärmeempfindlich	Kühle Lagerung nach der Ernte; Verflüssigung bei höchstens 40 °C und so schnell wie möglich
Einige Enzyme sind lichtempfindlich	Dichte, dunkle Behälter verwenden; Gläser dunkel lagern oder Honig alsbald verbrauchen
Honig zieht fremde Gerüche sehr leicht an	Scharf riechende Stoffe bei Honigernte und -bearbeitung fernhalten, nicht zusammen mit Honig lagern; absolut dicht schließende Behälter verwenden
Bestimmte Säuren gehören zu den wertvollen Inhaltsstoffen des Honigs	Nur säurebeständige, lebensmittelechte Materialien für die Schleuder, für Siebe, Lagerbehälter und Verkaufsgebinde verwenden

ohne diese Waben sind. Zwischenzeitlich kann geschleudert werden. Am anderen Tag haben sich die »Bestohlenen« beruhigt. Sie bekommen dann rasch das Leergut zurückgehängt.

Geschleudert wird in einem gut temperierten, sauberen Raum, in den keine Bienen zum Räubern gelangen können. Nach der Entfernung der Wachsdeckel mit einem speziellen Messer oder einer Entdeckelungsgabel, stellt man die Waben in die Schleuder ein. Beim Rundumlauf tritt der Honig mithilfe der Zentrifugalkraft aus den Zellen und läuft an der Innenwand des Schleuderbehälters zum Ablasshahn. Der Schleudervorgang muss vorsichtig vorgenommen werden, sonst brechen sehr schnell auch die Waben. Dies geschieht besonders dann, wenn die Temperatur über 23 °C liegt. So gesehen ist Honig immer »Kaltgeschleudert«, weil bei über 40 °C der Wabenbau längst zusammengebrochen wäre.

Nach dem Verlassen der Schleuder passiert der Honig ein Sieb, meist als Doppelsieb mit grobem und feinem Gitter ausgestattet. Nach ein bis zwei Tagen heben sich alle noch verbliebenen Schwebstoffe, hauptsächlich Wachsteilchen, an die Oberfläche, die man mit einem Teigschaber oder Löffel abhebt. Der saubere Honig kann nun in dicht schließenden Spezialbehältern nahezu unbegrenzt gelagert werden.

Nur fest kandierender Blütenhonig (z. B. von Löwenzahn oder Raps) macht eine Ausnahme. Er muss nach dem Abschäumen täglich 1- bis 2-mal kräftig gerührt werden. Die natürliche Kristallisation wird dadurch beeinflusst. So kann sich kein festes Gitter von Zuckerkristallen bilden, das den Honig steinhart werden lässt. Einfache Rührvorsätze für Heimwerkerbohrmaschinen bietet der Fachhandel an. Beginnt der mehrfach gerührte Honig deutlich Schlieren zu bilden, ist der Zeitpunkt nahe, die Prozedur abzubrechen. Der Honig kann nun wahlweise in die Verkaufsgebinde abgefüllt oder in den Standgefäßen auf Lager gelegt werden. Bei späterer Abfüllung darf er jedoch nur so weit erwärmt werden, dass er gerade läuft. Bei vollständiger Verflüssigung beginnt die harte Kandierung von Neuem.

Bei Waldhonigen verfährt man anders. Sie werden nur langsam, nach Wochen oder Monaten, fest. In diesem Zustand sind diese Sorten meist auch unansehnlich, weshalb sich der Verkauf in flüssiger Form eingebürgert hat. Den festen Honig erwärmt man unter gelegentlichem Rühren auf max. 40 °C im Wasserbad oder Wärmeschrank, der meist aus einem ausgedienten Kühlschrank mit Glühbirne, Ventilator und Thermostat selbst gebaut wird. Manchmal muss der Honig einige Tage erwärmt werden, bis eine restlose Verflüssigung erfolgt ist. Neuere Verfahren, z. B. mit dem »Melitherm«-Gerät, arbeiten mit Kurzzeiterwärmung bei gleich-

zeitiger Reinigung des Honigs durch ein Seihtuch. Hier löst sich die Kandierung in wenigen Stunden, manchmal Minuten, auf schonendste Weise auf.

Bei der Ernte, Lagerung und Verarbeitung von Honig ist Sauberkeit, wie es ein so wertvolles Lebensmittel verlangt, oberstes Gebot. Wer Honig verkauft, und sei es nur im Kleinen, benötigt eine Abfüllkanne mit Quetschhahn zum sauberen Befüllen der Verkaufsgebinde und vor allem braucht er eine geeichte und nacheichbare Waage, denn die ist gesetzlich vorgeschrieben.

Bienenprodukte in Haushalt und Küche

Ein Bienenvolk liefert eine ansehnliche Palette von Produkten, die oft unbekannt sind oder einfach keine Beachtung finden. Den Honig kennen alle. Der Neuling in Sachen Bienen macht zunächst einmal mit dem Gift ihres Stachels Bekanntschaft. Er wird sich um die Gewinnung dieses Giftes allerdings nicht bemühen, wie dies große Imkereien in Übersee und auch kleinere bei unseren östlichen Nachbarn tun. Aus dem gewonnenen reinen Gift stellen pharmazeutische Betriebe Salben und Injektionen gegen Rheuma her. Übrigens halten sich nicht wenige Imker wegen ihrer rheumatischen Beschwerden Bienen.

Einen hohen Bekanntheitsgrad hat auch das Bienenwachs, das ebenfalls in der Pharmazie, aber auch in der Kosmetik Verwendung findet. Es ist ein altbewährter Bestandteil in Salben. Für den Hausgebrauch werden aus Wachs vor allem Kerzen gezogen oder aus Mittelwänden gedreht. Im Zug der Biowelle hat Bienenwachs auch wieder Eingang in die Holzveredelung gefunden: Polituren und Lasuren auf Naturbasis beweisen dies. Eine altbewährtes Möbelpflegerezept siehe unten.

Auf Gebäckpackungen ist gelegentlich vermerkt, dass Bienenwachs als Trennmittel verwendet wurde. Diese Eigenschaft, die selbst unter alten Imkern wenig bekannt ist, führt zu verblüffenden Ergebnissen: Gebäck jeglicher Art bleibt niemals am Blech hängen, schmeckt besser und hält sich länger frisch. Man bestreicht deshalb das (noch) heiße Blech mit einem kleinen Block aus reinem Bienenwachs, wobei ein Knäuel Pergamentpapier beim Verteilen hilft. Das Gebäck oder die Plätzchen werden dann auf das erkaltete Blech aufgelegt und wie gewohnt gebacken. Danach präpariert man das heiße Blech gleich wieder mit Wachs für das nächste Mal.

Kittharz oder Propolis bereiten die Bienen aus Pflanzenharz, das sie an den Knospen von Bäumen, besonders an Pappeln, sammeln und wie Pollen als Höschen an den Hinterbeinen eintragen. Sie überziehen damit ihre gesamte Behausung von innen und füllen jegliche Ritzen mit dem Kittharz aus. Durch die Inhaltsstoffe wirkt dieses Harz als Antiseptikum, mit dem sich die Bienen über Jahrmillionen von schweren Krankheiten freihalten konnten. In der Natur- und Erfahrungsmedizin findet Propolis immer mehr Beachtung. Der hohe Preis der Apotheken bleibt dem Imker jedoch erspart. Er sammelt sein Kittharz von allen Beuten- und Rähmchenteilen, wobei er frisches Harz von leuchtend gelb-grüner bis rotbrauner Farbe bevorzugt. Von Verunreinigungen befreit, löst man es in 70%igem Alkohol bis zur Sättigung auf. Dies geschieht während mehrerer Wochen unter häufigerem Schütteln des Ansatzes. Nach Filtrierung durch einen Kaffeefilter erhält man die fertige Tinktur.

Am häufigsten wird sie bei Erkältungen eingesetzt, indem man mehrmals täglich einen kräftig damit beträu-

Möbelpflege

Zutaten	Zubereitung
450 ml Wasser und 100 g Pottasche	zum Sieden bringen,
200 g Bienenwachs	unter ständigem Rühren darin auflösen, danach weitere
450 ml Wasser	hinzufügen und unter Rühren so lange erhitzen, bis eine gleichmäßige Milch entstanden ist.
	In Gläser oder Dosen abfüllen und nach Erkalten wie handelsübliche Möbelpflegemittel anwenden.

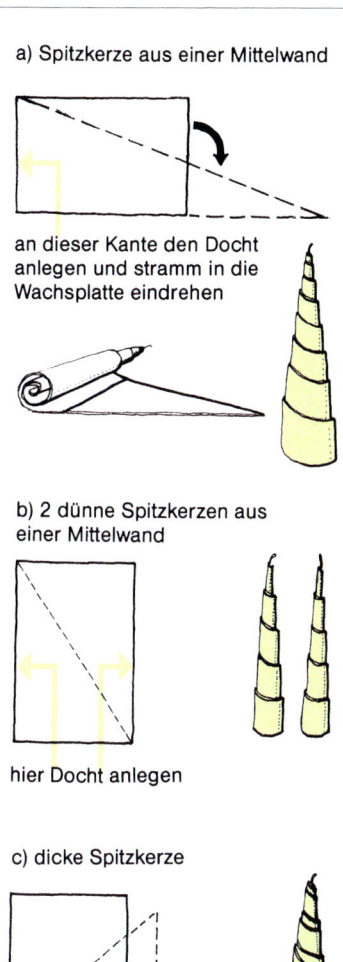

a) Spitzkerze aus einer Mittelwand

an dieser Kante den Docht
anlegen und stramm in die
Wachsplatte eindrehen

b) 2 dünne Spitzkerzen aus
einer Mittelwand

hier Docht anlegen

c) dicke Spitzkerze

beide Seiten etwas versetzt
aufeinander legen und Docht
eindrehen

*Bienenwachskerzen lassen sich leicht aus
Mittelwänden drehen. Neben den einfachen
zylindrischen Formen sind Spitzkerzen in verschiedensten Ausführungen sehr beliebt.*

felten Würfelzucker lutscht. Propolis
kann auch pur eingenommen werden,
schmeckt dann aber recht scharf und
verklebt unangenehm die Zähne. Aus
der Tinktur lassen sich mit entsprechenden Grundlagen auch Salben für
verschiedenste Zwecke herstellen.

Pollen und Gelée Royale zählen neben
Propolis zu den wertvollsten Bienenprodukten. Man findet sie ebenfalls in Apotheken und Reformhäusern als »Vital-
stoffe« zu horrenden Preisen angeboten.
Ihre Herstellung ist sehr arbeitsintensiv,
darum werden diese »Präparate« fast
alle aus Billiglohnländern importiert. Er-
staunlicherweise sind nicht selten auch
Imker unter den Käufern, obwohl sie
leicht ihren Eigenbedarf selbst erzeugen
könnten, d. h. die Schwarmzellen kurz
vor der Verdeckelung abernten, die Larve
entfernen und das Gelée Royale, den
Futtersaft, mit einem kleinen Spatel
ausstreichen. Drei gut gefüllte Zellen
geben etwa 1 g. Im Kühlschrank aufbe-
wahrt hält es sich gut verschlossen bis
zu einem Jahr. Gelée Royale kann ebenso wie Pollen, auch unter Honig ge-
mischt, konserviert werden.

Pollensammeln erfordert etwas mehr
Aufwand. Mit speziellen Pollenfallen
werden den einfliegenden Bienen die
Pollenhöschen abgestreift und der Pollen in einem darunterhängenden Behälter aufgefangen. Da Pollen zu einem
Drittel leicht verderbliches Eiweiß ist,
muss täglich geerntet werden. Für den
Hausgebrauch reinigt man von Hand
und friert das saubere Granulat am bes-

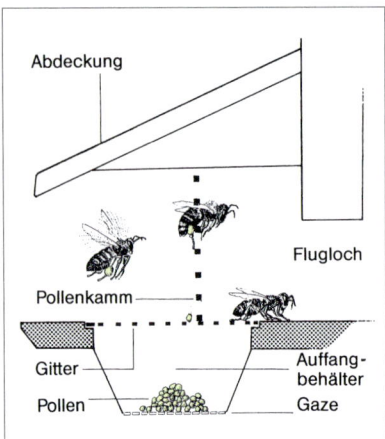

Abdeckung

Flugloch

Pollenkamm

Gitter

Auffang-
behälter

Pollen

Gaze

Mit einer Pollenfalle wird den Bienen der Pollen am Flugloch abgenommen. Die Öffnungen des Pollenkamms haben einen Durchmesser von etwa 4,8–5,2 mm.

ten ein. Dies ist sogar schonender als die herkömmliche Trocknung. Eingenommen wird der Pollen als Stärkung in Zeiten, in denen es an Frischkost mangelt (z. B. im Winter). Kranke und Rekonvaleszente erhalten etwa 2 Teelöffel davon vor oder zum Frühstück im Müsli oder Orangensaft. Die moderne Schlemmerküche verwendet frischen (oder tiefgekühlten) Pollen zur Aufwertung von Süßspeisen wie Frischobstsalate oder Eisdesserts.

Honig ist in jedem Fall wesentlich populärer, aber nicht weniger wertvoll. Als einziger Süßstoff, der unseren Ahnen zur Verfügung stand, ist er unentbehrlicher Bestandteil der ältesten Koch- und Backrezepte. Die übersüßten Speisen der Römer haben sich zwar nicht erhalten, aber der ehrenwerte Lebkuchen ist heute noch so beliebt wie im Mittel-

Die Pollenarten unterscheiden sich durch die Farbe. Rotkleepollen etwa ist schokoladenbraun.

alter. Unten ein echtes altes Rezept für besonders gute »Leckerli« (die alemannische Bezeichnung für Lebkuchen).

Zuvor war die Rede von den wärmeempfindlichen Enzymen im Honig. Sie überleben die Prozedur des Backens nicht. Honig in heiße Milch gerührt, ein probates Erkältungsmittel, mag noch angehen. Die Erwärmung ist zwar hoch, jedoch recht kurz.

Ebenso ist es beim Süßen heißen Tees. Die Inhaltsstoffe des Honigs kommen jedoch nur bei kalter Zubereitung voll zur Geltung. Er kann in der Küche fast überall dort eingesetzt werden, wo sonst Kristallzucker Verwendung findet. Salate (nicht nur Obstsalate), alle Süßspeisen und auch viele Mixgetränke, mit und ohne Alkohol, schmecken mit Honig unvergleichlich besser. Dabei kann man die Honigsorte gezielt wählen: milden Honig (z. B. Raps- oder Waldhonig), um den jeweiligen Eigengeschmack der verwendeten Zutaten zu fördern; her-

Leckerli

Zutaten	Zubereitung
500 g Honig 50 g Butter	miteinander aufkochen
100 g Zitronat 100 g Orangeat 250 g Mandeln	fein schneiden
325 g Puderzucker 15 g gemahlenen Zimt 7 g gemahlene Nelken ½ geriebene Muskatnuss ½ geriebene Zitronenschale ⅛ l Kirschwasser 1 Ei 750 g Mehl	alle Zutaten, aber nur die Hälfte des Mehls, in die heiße Honig-Buttermischung einrühren
1 Briefchen Backpulver	Masse auf den Tisch schütten, restliches Mehl und Backpulver gut einarbeiten, in ¾ cm dicke Platten ausrollen, auf gewachstes Blech (siehe unter Bienenwachs) auslegen und bei mittlerer Hitze backen
Zucker und etwas Wasser	Zuckerglasur kochen, noch heiße Teigplatte damit bestreichen, nach einigen Minuten kleine Rechtecke schneiden; nach längerer Lagerung schmecken diese Leckerli immer besser

bere, intensivere Sorten wie Löwenzahn-, Edelkastanien- oder Lindenhonig als besondere und eigenwilligere Würze.

Dazu einige Rezepte, in denen der Honig kalt verarbeitet wird (siehe unten).

In diesem Sinne lässt sich Honig auch in der warmen Küche verwenden. So zur Geschmacksabrundung von Gemüsen wie Erbsen, Karotten und ganz besonders frischem Spargel! Als Würze in Tomatensuppen oder -soßen, als Krustenbilder bei Enten- und Gänsebraten, so-

Kräuter-Salatsoße

Zutaten

Verschiedene frische Kräuter, z. B. Petersilie, Schnittlauch, Liebstöckel, Bibernelle, Zitronenmelisse, Boretsch usw. fein gehackt
1 Knoblauchzehe, durchgepresst
1 kleine Zwiebel, fein geschnitten
2 Esslöffel Öl
1 Teelöffel Honig
2 Esslöffel Obstessig
½ Becher Joghurt
1 Teelöffel Senf
etwas Zitronensaft und Worcestersoße
Salz und Pfeffer

Zubereitung

Alle Zutaten gut verquirlen. Vor dem Anmachen des Salates (z. B. Kopfsalat, Chinakohl, Eissalat, Zuckerhut, Frisée usw.) Soße gut durchziehen lassen; dies gilt besonders im Winter, wenn nur getrocknete Kräuter zur Verfügung stehen

Honigessig

Honigwasser (fällt beim Reinigen der Schleuder, Lager- oder Abfüllgefäße an)

eventuell mit Honig aufsüßen, in einen Steingut- oder Kunststoffbehälter geben

Einige Sauerteigbrote- bzw. Schwarzbrotstückchen oder »Essigmutter«

zugeben; mit einem Mulltuch oder Gaze abdecken und zubinden. An einem warmen Ort einige Wochen stehen lassen. Nach abgeschlossener Gärung durchseihen und in Flaschen abfüllen. Die sich bei einem Ansatz mit Brotstückchen bildende »Essigmutter« kann nach dem Abseihen für neue Göransätze weiterverwendet werden. Honigessig zeichnet sich durch ein besonders feines Aroma aus und lässt sich wie normaler Essig verwenden

wie zum Grillen von Kasseler Rippen-
stück als Gewürzmischung aufge-
strichen. Auch warme Süßspeisen werden zu reinen Küchenwundern mit Honig, z. B. Crêpes mit Honig nach echt
bretonischer Art.

Schließlich wäre noch des berühmt-
berüchtigten Bärenfanges zu gedenken.

Fruchtschnitten (ideale Sportler-Zwischenmahlzeit)

Zutaten	Zubereitung
500 g gewaschene Feigen 250 g Rosinen	gut hacken oder durch den Wolf dre- hen (grobe Scheibe)
125 g Haselnüsse, gemahlen 2 Esslöffel flüssigen Honig	alles gut vermischen
große rechteckige Oblaten	Masse fingerdick auf Oblate streichen, mit zweiter Oblate abdecken; fertige Oblaten stapeln und über Nacht be- schweren; dann in gleichmäßige, mundgerechte Riegel schneiden

Hagebuttentaler (Honigkonfekt)

250 g Haselnüsse, gemahlen 3 Esslöffel Hagebuttenmark 1 Esslöffel brauner Zucker 3 Esslöffel flüssiger Honig etwas Sahne	Zutaten gut mischen. Sahne vorsichtig bis zur ausreichenden Konsistenz zu- geben, zu 2-Euro-Stück-großen Plätz- chen formen. Kühl stellen!
Schokoladenglasur Nüsse, Pistazien und kandierte Früchte	glasieren und dekorieren

Honig-Milchshake »Südseetraum«

1 Banane 1 Esslöffel Blütenhonig 4 cl Blue Curaçao 2 cl weißer Rum etwas Zitronensaft	Zutaten im Mixer fein pürieren
½ l Milch	Milch aufgießen, mixen und in hohen Gläsern eiskalt servieren; auch ohne Alkohol empfehlenswert!

Propolis ist eines der wertvollsten Bienenprodukte. Frisch eingetragen ist das Harz von leuchtend gelber bis roter Farbe und bei Stockwärme von klebriger Konsistenz.

Es heißt, man habe damit in Ostpreußen Bären gefangen, wohl eher hat aber reichlicher Genuss dazu verführt, anderen einen Bären aufzubinden. Er wird aus Honig, Wasser, reinem Weingeist und Gewürzen hergestellt. Erprobt ist folgendes Rezept: 0,7 l Wasser erhitzen, 1 kg aromatischen Honig darin auflösen; aufkochen und abschäumen; nach Erkalten 0,7 l reinen Weingeist hinzufügen. Wenig Sternanis und Zimtstange einige Wochen darin ziehen lassen. Die Klärung erfolgt nach einigen Monaten. Jetzt kann der Likör vorsichtig abgezogen werden. Mit dem Alter wird er immer besser!

Schwieriger ist Met zu bereiten. Man benötigt dazu außer Honig und Wasser auch Hefe. Er bedarf nach der Gärung einer langen Lagerung. Die Versuche sind meist erst nach mindestens 3 Jahren genießbar. Etwas für Experimentierfreudige. Man sollte aber nur kleinere Mengen ansetzen; es wäre schade um den guten Honig. Erfahrene Imker bieten manchmal recht guten Met an, der ungeachtet seines stolzen Preises, trotz-

dem preisgünstiger als das eigene Erzeugnis sein kann.

Kosten und Wirtschaftlichkeit

Der Freizeitimker wird weniger danach fragen, ob seine Unternehmungen mit den Bienen auch rentabel sind. Dennoch vergeht ihm bald die Lust, erweist sich sein Hobby als »Fass ohne Boden«. So gesehen gibt es den reinen Hobbyimker nicht. Bereits mit zehn bis 15 Bienenvölkern kann man wirtschaftlich arbeiten, denn die kostenintensiven Anschaffungen, wie z. B. die Schleudereinrichtung, sind bei einer geringeren Bienenzahl mit fast dem gleichen Finanzaufwand verbunden, ebenso die Kosten für Wanderung, Betreuungsfahrten oder Energie. Steigt die Völkerzahl noch weiter an, sind die Geräte des Kleinimkers bald überlastet. Rationalisierung erfordert dann weiteres Kapital. Neben den Kenntnissen und der Zeit sind es also auch die Investitionen, die einer beliebigen Aufstockung des Bestandes Grenzen setzen. Wo bei einem kleinen Stand noch mit einfachen Mitteln improvisiert werden kann, muss der Erwerbsimker rationelle und oft kostspielige Lösungen suchen. In der Praxis sieht es jedoch meist so aus, dass für ein Steckenpferd bedenkenlos Unsummen hinausgeschleudert werden. Hier gilt es dazuzulernen.

Die Honigernten vorauszuberechnen ist sehr schwierig, denn nach guten Jahren folgen oft mittelmäßige und nicht selten geht man bei gleichem Arbeits- und Geldaufwand ganz leer aus. Deshalb muss bei einer Erfolgsrechnung ein mindestens zehnjähriges Mittel zugrun-

Jährliche Kosten einer Imkerei

	Betriebsgröße: Völkerzahl		
	5	12	50
Betreuungskosten (in €):			
Zucker	113,–	270,–	1125,–
Fahrtkosten und Wanderung	95,–	95,–	220,–
(ca. 30 km einfacher Weg)			
PKW-Anhänger	35,–	40,–	unter Abschreibungen
	(Miete)	(Miete)	und Kapitalverzinsung
			berücksichtigt
Wabenerneuerung (Mittelwände,	40,–	85,–	340,–
Rähmchen, Draht usw.)			
Königinnen/Zuchtstoff	7,–	50,–	150,–
Varroatosebekämpfung	15,–	40,–	150,–
Nebenkosten:			
Verkaufsgebinde	30,–	75,–	250,–
Versicherungen (Tierseuchenkasse)	8,–	13,–	105,–
Verbandsbeiträge	13,–	13,–	50,–
Zeitschriften, Bücher	25,–	40,–	50,–
Pachten, Mieten, Wanderplatz	20,–	20,–	60,–
Unterhaltung Geräte, Gebäude und	20,–	45,–	200,–
Einrichtungen			
Abschreibungen (Afa)	200,–	480,–	2100,–
Bürobedarf, Werbung, Spesen,	13,–	25,–	200,–
Telefon, Porto			
Gesamtkosten je Betrieb	634,–	1291,–	5000,–
Gesamtkosten je Bienenvolk	126,80	107,60	100,–

Die oben eingesetzten Zahlen sind geschätzte Durchschnittswerte, die je nach Intensität der Bienenhaltung variieren können.

de gelegt werden. Ein Erwerbsimker rechnet dabei mit einem Schnitt von etwa 15 kg Honig pro Volk. Mit steigender Völkerzahl und nachlassender Intensität reduziert sich der Ertrag jedoch. Ebenso müssen beim Verzicht auf Wanderung geringere Erträge und häufigere Fehljahre in Kauf genommen werden.

Die Bienen und das Gesetz

Mit rechtlichen Problemen wird der Imker selten konfrontiert. Meist ergibt sich aus nachbarschaftlichen Auseinandersetzungen, dass Bienenhaltung auch eine rechtliche Seite hat. Nach § 906 BGB werden fliegende Bienen als »unwägbare Stoffe« (Immissionen) behandelt. Ein Nachbar kann demzufolge die Bienenhaltung nicht verbieten, wenn die Benutzung seines Grundstückes nicht oder nur unwesentlich beeinträchtigt wird. Bei »Ortsüblichkeit« hat er sogar wesentliche Beeinträchtigungen hinzunehmen, wenn der Einflug von Bienen nicht durch wirtschaftlich zumutbare Maßnahmen verhindert werden kann. Dennoch ist allen Imkern, besonders aber Neulingen auf diesem Gebiet, ein gutes Einvernehmen mit der Nachbarschaft anzuraten. Ein freundliches Gespräch über Bienen und eine gelegentliche Kostprobe frischen Honigs hilft hier über manche Hürde. Ist der Streit erst einmal vom Zaun gebrochen, macht die Imkerei auf die Dauer, trotz rechtlichem Schutz, keinen Spaß. Die Bienen müssen vor allem vernünftig aufgestellt und fachgerecht gehalten sein.

Zu Beeinträchtigungen der Nachbarschaft führt auch gelegentlich der erste Reinigungsausflug im Frühjahr. Frau Nachbarin hängt dann in Erwartung der ersten Sonnenstrahlen ihre Wäsche auf, welche den Bienen, angelockt durch das frische Weiß, als beliebter Landeplatz dient. Gesprenkelt in gleichmäßigem Ocker muss sie nochmals gewaschen werden. Auch hier erreicht man mit Aufklärung und ein wenig Honig mehr, als mit rechtlichem Handeln.

Bei unsachgemäßem Umgang mit Pflanzenschutzmitteln finden viele tausend Bienen den Tod. Oft gehen ganze Völker und Bienenstände an den Vergiftungen zugrunde.

Auch zur Schwarmzeit muss man mit dem Nachbarn leben. Nicht selten wissen die »Ausreißer« nichts besseres, als sich auf Nachbars Obstbaum niederzulassen. § 962 BGB verschafft dem Imker dabei das Recht, den Garten des Nachbarn zu betreten, wenn er die Verfolgung seines Schwarmes sofort aufnimmt. Zieht der Schwarm in eine leere Bienenwohnung ein, ist sein Eigentümer sogar berechtigt, den fremden Bienenstand zu betreten und seinen Schwarm wieder einzuheimsen. Wird ein Schwarm nicht verfolgt, gilt er als »herrenlos« und geht in den Besitz des Finders über. Allerdings kommt dies nur selten vor, denn die meisten entwischten Schwärme bleiben unentdeckt und verenden ohne Hilfe eines Imkers an Futternot.

Die Bienenseuchenverordnung regelt die Bekämpfung anzeigepflichtiger Bienenkrankheiten. Dies sind: die Amerikanische Faulbrut, die Tracheenmilbe (Acariose) und die Varroamilbe (Varroatose). Zur Wanderung mit Bienen ist immer ein Gesundheitszeugnis erforderlich. Die Untersuchung führt das Veterinäramt bzw. ein seuchensachverständiger Imker als dessen Vertreter durch. Sperrgebiete müssen bei der Wanderung gemieden werden. Das Offen-stehen-lassen von leeren Beuten und das freie Anbieten von Futter, besonders in Form von Waben oder als Deckelwachs, ist verboten, um eine Seuchenausbreitung (Amerikanische Faulbrut) zu verhindern.

Den Einsatz von Pflanzenschutzmitteln regelt das Pflanzenschutzgesetz und die Bienenschutzverordnung. Bei Verstößen mit tödlichen Folgen für die Bienen ist das Julius-Kühn-Institut, Braunschweig zur Untersuchung von Bienen- und Pflanzenproben verpflichtet. Eine Rechtsverfolgung mit Schadensersatz ist aber nur bei guter Beweissicherung möglich.

Für imkerliche Baumaßnahmen sind das Bundesbaugesetz (BBauG) und die Landesbauordnungen (LBO) zuständig. Sie zählen die Imkerei unter bestimmten Voraussetzungen zur Landwirtschaft (siehe Seite 81).

Ebenso verfährt das Steuerrecht. Die Einnahmen aus der Imkerei werden wie jene aus Land- und Forstwirtschaft behandelt.

Für seinen PKW-Anhänger kann der Wanderimker landwirtschaftliche Steuerbefreiung beantragen.

Was unter Honig zu verstehen ist, sagt uns die Honigverordnung. Darüber hinaus hat sich der Deutsche Imkerbund in seiner Warenzeichensatzung für die Verwendung des Verbandsglases (Einheitsglas mit grünem Kreis) zu noch höheren Qualitätsanforderungen verpflichtet. Für die Imker, welche das Einheitsglas verwenden, ist diese Satzung verbindlich. Außerdem sind Vorschriften zur Hygiene, Kennzeichnung, Verpackung und Werbung zu beachten.

Imkerei als Beruf unterliegt dem Berufsbildungsgesetz. Demnach ist die Bienenhaltung mit fünf weiteren landwirtschaftlichen Zweigen zum Berufsbild »Tierwirt« zusammengefasst. Die Ausbildungszeit beträgt drei Jahre.

Erstimker melden ihre Bienenhaltung beim Veterinäramt an. Versicherungsrechtlich sind Imkereien ab einer gewissen Betriebsgröße meldepflichtig (siehe Tabelle unten).

Tierseuchenkasse	ab	1 Volk	nicht ländereinheitlich
Berufsgenossenschaft	ab	25 Völkern	
Landwirtschaftliche Krankenversicherung und Alterskasse	ab	100 Völkern	

»Imkerlatein«

Fachausdrücke von A–Z

Ablegerbildung	Verfahren zur Vermehrung von Bienenvölkern
Absperrgitter	Aus dünnen Metallstäben in 4,2 mm Abstand. Zum Absperren der Königin auf einen bestimmten Bereich des Stockes
Altvolk	Wirtschaftsvolk mit mehrjähriger Königin
Auflösen von Bienenvölkern	Die Bienen unbefriedigender Völker werden abgefegt, Brutwaben auf andere verteilt. Bienen müssen sich bei Nachbarvölkern »einbetteln«
Auflösen von Honig	Verflüssigen kandierten Honigs durch Wärme (max. 40 °C)
Bau	Wabenbau
Bauerneuerung	Austausch von alten Waben gegen Mittelwände
Baurahmen	Leeres Rähmchen, in das Bienen mit Vorliebe Drohnenzellen bauen. Schwarmvorbeuge und -kontrolle, Varroadezimierung
Bautraube	Aneinanderhängende, Wachs produzierende Bienen
Begattungskästchen	Kleinstvölkchen mit junger Königin; wird nach Begattung aufgelöst oder umlogiert
Belegstelle	Aufstellplatz von unbegatteten Königinnen in Begattungskästchen zur Reinpaarung. Meist Inseln oder Hochgebirgslagen
Bestiften	Eierlegen der Königin. Eier haben die Form kleiner Stifte
Beute	Bienenwohnung, Bienenkasten
Bienentränke	Wasserstelle für Bienen
Bienenweide	Trachtpflanzen
Buckelbrut	Drohnenbrut in Arbeiterinnenzellen durch defekte Königin oder eierlegende Arbeiterinnen
Drohnenmütterchen	Eierlegende Arbeiterinnen nach Verlust der Nachschaffungskönigin
Durchlenzung	Frühjahrspflege der Bienen
Einbetteln	»Heimatlose« Bienen versuchen, durch Anbieten von Futter an fremdes Volk Anschluss zu finden

Einheitsglas	Honigglas mit Gewährstreifen für die Imker und Abfüllstellen des Deutschen Imkerbundes
Einwinterung	Vorbereitung und Versorgung der Bienen auf den Winter
Faulbrut	Anzeigepflichtige Bienenkrankheit
Flugkreis der Bienen	Flugradius der Trachtbienen 2 bis 3 km, manchmal auch bis 10 km
Futterteig	Teig aus 1 Teil Honig und 3 Teilen Puderzucker zu Reizfütterung oder Königinnenzucht
Gesundheitszeugnis	Gesetzlich vorgeschriebene Bescheinigung zum Wandern und beim Verkauf von Bienen
Gewährstreifen	Grünes Kreuzetikett für das Einheitsglas
Hautbienen	Außen sitzende Bienen der Winter- und Schwarmtraube; sie schirmen Kälte und Nässe ab
Hinterbehandlung	Besondere Kastenform, von hinten zu bedienen, auch Hinterlader- oder Schrankimkerei
Honigtau	Von Blatt-, Rinden- oder Schildläusen abgegebener süßer Pflanzensaft
Hungerschwarm	Wegen Nahrungsmangel ausgezogenes Bienenvolk
Jungfernwachs	Unbebrüteter, heller Wabenbau
Jungvolk	Früh gebildeter Ableger, wird in voller Volksstärke eingewintert
Kalkbrut	Pilzerkrankung der Bienenlarven
Kandieren	Kristallisierung des Honigs
Kittharz	Propolis
Klotzbeute	Bienenwohnung aus hohlem abgesägtem Baumstamm
Klotzstülper	Klotzbeute ohne seitliche Öffnung, nur durch »Umstülpen« zu bearbeiten
Kunstschwarm	Bienen eines Volkes ohne Bau zur Vermehrung oder Seuchenbekämpfung
Lachniden	Honigtauerzeuger
Längsbau	Wabenstellung rechtwinklig zum Flugloch
Läppertracht	Geringe Tracht
Magazinbeute	In seiner Größe regulierbare, universelle Bienenwohnung
Melezitosehonig	Honig von Lärche und teilweise Fichte, wird in den Waben hart wie Zement (»Zementhonig«) und lässt sich deshalb nicht ernten
Mittelwand	Wachsplatte mit Arbeiterinnen-Zellprägung zur Unterdrückung von Drohnenbrut
Mobilbeute	Bienenwohnung mit beweglichem Bau
Nachschaffungskönigin	Bei Verlust der alten Stockmutter aus jüngster Brut nachgezogene Königin

Nachschaffungszelle	Auf jüngster Arbeiterinnenbrut errichtete Königinnenzelle; aus ihr schlüpft eine Nachschaffungskönigin
Nacktes Volk	Bienen ohne Bau, Kunstschwarm
Pollen	Blütenstaub
Pollenhöschen	Von Bienen an den Hinterbeinen eingetragene Pollenklümpchen
Propolis	Von Bienen gesammeltes Harz von Baumknospen; dient zur Desinfektion des Stockes
Puppe	Entwicklungsstadium der Brut
Querbau	Wabenstellung quer zum Flugloch
Rähmchen	Holzrähmchen, in das man die Bienen ihre Waben bauen lässt
Räuberei	Bienen fallen übereinander her und plündern; wird durch Unvorsichtigkeit im Umgang mit Honig oder Zucker ausgelöst
Reizfütterung	Kleine Futtergaben zur Brutförderung
Rumpf, alemannischer	Flacher, breiter Bienenkorb der Schwarzwaldregion
Rutenstülper	Bienenkorb aus Rutengeflecht
Scheibenhonig	Wabenhonig aus der Heidetracht, wird mit dem Wachs verzehrt
Schleuder	Zentrifuge zur wabenschonenden Honiggewinnung
Schwarm	Bienenvolk auf Wohnungssuche nach der Trennung vom alten Stock
Schwarmnäpfchen	Weiselnäpfchen
Smoker	Rauchbläser zum Bearbeiten der Bienen
Sommerbienen	Sie leben im Sommer und werden nur 4 bis 6 Wochen alt, im Unterschied zu den Winterbienen
Sterzeln	Duftfächeln der Bienen zur Anlockung von Stockgenossinnen
Stock	Bienenstock; Bienenvolk mit Behausung
Stockmeißel	Universalwerkzeug zum Bearbeiten der Stöcke
Tracht	Bienen finden reichlich Pollen und/oder Rohstoffe zur Bereitung von Honig vor (Nektar, Honigtau)
Trachtquellen, -pflanzen	Pflanzen, die Rohstoff zur Honigbereitung liefern
Überbau	Wachs, das die Bienen außerhalb der Rähmchen anbauen. Auch Wachsbrücken
Umlarven	Umbetten einer 1-tägigen Arbeiterinnenlarve in ein Weiselnäpfchen zur Königinnenaufzucht
Umweiseln	Wechsel der alten Königin gegen eine junge
Waagstock	Bienenvolk auf einer Waage zur Kontrolle der Trachtentwicklung
Wandern	Standortwechsel mit den Bienen zur Nutzung einer ergiebigen Tracht, z. B. Rapsblüte oder Waldtracht

Weisel	Königin
Weisellos	Ohne Königin
Weiselnäpfchen	Anfangsstadium einer Königinnenzelle; Schwarmanzeichen
Zehrweg	Das Wintervolk frisst sich durch die Vorräte
Zeichenfarbe der Königin	2019, 2024 grün; 2020, 2025 blau; 2021, 2026 weiß; 2022, 2027 gelb; 2023, 2028 rot usw.
Zeidler	Mittelalterlicher Waldimker
Zementhonig	Melezitosehonig
Zucht	Im Sprachgebrauch der Imker meist nicht »Zucht« im eigentlichen Sinn, sondern Aufziehen von jungen Königinnen
Zwischenableger	Methode der Schwarmverhinderung

Adressen für den Bienenzüchter

Imkerorganisationen im deutschsprachigen Raum

Deutscher Berufs- und Erwerbsimkerbund e. V.
Hofstattstraße 22A
86919 Utting am Ammersee
Tel. +49 (0) 8806 924509
www.berufsimker.de

Deutscher Imkerbund e. V. (D.I.B.)
Villiper Hauptstraße 3
53343 Wachtberg
Tel. +49 (0) 228 93292-0
www.deutscherimkerbund.de

Liechtensteiner Imkerverein LIV
Dominik Sele
Siligatter 44
FL-9492 Eschen
www.bienen.li

Luxemburger Landesverband für Bienenzucht FUAL
613, rue de Neudorf
L-2220 Luxembourg
Tel. +352 621 227464
www.apis.lu

Österreichischer Imkerbund
Georg-Coch-Platz 3/11 a
A-1010 Wien
Tel. +43 (0) 1 5125429
www.imkerbund.at

BienenSchweiz
Jakob Signer-Strasse 4
CH-9050 Appenzell
Tel. +41 (0) 71 780 10 50
www.bienen.ch

Südtiroler Imkerbund
Galvanistraße 38
I-39100 Bozen
Tel. +39 (0) 471 063990
www.suedtirolerimker.it

Landesverbände im Deutschen Imkerbund

Baden-Württemberg:
Landesverband Badischer Imker e. V.
Hauptstraße 47
77716 Fischerbach
Tel. +49 (0) 7832 97 79 915
www.badische-imker.de

Landesverband Württembergischer Imker e. V.
Olgastraße 23
73262 Reichenbach
Tel. +49 (0) 7153 58115
www.lvwi.de

Bayern:
Landesverband Bayerischer Imker e. V.
Weiherhofer Hauptstraße 23
90513 Zirndorf
Tel. +49 (0) 911 55 80 94
www.lvbi.de

*Verband Bayerischer Bienenzüchter e. V.
Hennthal 11
83308 Trostberg
Tel. +49 (0) 8623 919678
www.v-b-b.net

*Bayerische Imkervereinigung Fürth e. V.
Schillerstraße 4
93142 Maxhütte-Haidhof 3
+49 (0) 9471 60 18 88
www.bayerische-imker.de

Berlin:
Imkerverband Berlin e. V.
Malteserstraße 74–100, Haus L – R 542
12249 Berlin
Tel. +49 (0) 30 34 35 97 14
www.imkerverband-berlin.de

Brandenburg:
Landesverband Brandenburgischer
Imker e. V.
Dorfstraße 1
14513 Teltow
Tel. +49 (0) 3328 319310
www.imker-brandenburgs.de

Hamburg:
Imkerverband Hamburg e. V.
Postfach 52 02 53
22592 Hamburg
Tel. +49 (0) 151 65 49 78 59
www.ivhh.de

Hannover:
Landesverband Hannoverscher Imker e. V.
Johannsenstraße 10
30159 Hannover
Tel. +49 (0) 511 32 43 39
www.imkerlvhannover.de/

* nicht dem DIB angeschlossen

Hessen:
Landesverband Hessischer Imker e. V.
Erlenstraße 11
35274 Kirchhain
Tel. +49 (0) 6422 26 24
www.hessische-imker.de

Mecklenburg-Vorpommern:
Landesverband der Imker Mecklenburg-
Vorpommern e. V.
Feldstraße 3 (Zimmer 809)
17033 Neubrandenburg
Tel. +49 (0) 395 36 15 12 65
www.imkermv.de

Nassau:
Imkerverband Nassau e. V.
Ringstraße 18
57627 Marzhausen
Tel. +49 (0) 2688 1483
www.imkerverbandnassau.de

Rheinland:
Imkerverband Rheinland e. V.
Im Bannen 38–54
56727 Mayen
Tel. +49 (0) 2651 72666
www.imkerverbandrheinland.de

Rheinland-Pfalz:
Imkerverband Rheinland-Pfalz e. V.
Breitenweg 71
67435 Neustadt/Weinstraße
Tel. +49 (0) 6321 968837
www.imkerverband-rlp.de

Saarland:
Landesverband Saarländischer Imker e. V.
InnovationsCampus Saar
Gebäude C 1
Altenkesseler Straße 17
66115 Saarbrücken
Tel. +49 (0) 681 38 37 68 52
www.saarlandimker.de

Sachsen:
Landesverband Sächsischer Imker e. V.
Untere Hauptstraße 79
09243 Niederfrohna
Tel. +49 (0) 3722 591981
www.sachsenimker.de

Sachsen-Anhalt:
Imkerverband Sachsen-Anhalt
Mansfelder Straße 13
06108 Halle (Saale)
Tel. +49 (0) 178 76 47 444
www.imkerverband-st.de

Schleswig-Holstein:
Landesverband Schleswig-Holsteinischer
und Hamburger Imker e. V.
Hamburger Straße 109
23795 Bad Segeberg
Tel. +49 (0) 4551 24 36
www.imkerschule-sh.de

Thüringen:
Landesverband Thüringer Imker e. V.
Ilmstraße 3
99425 Weimar
Tel. +49 (0) 3643 4920401
www.lvthi.de

Weser-Ems:
Landesverband der Imker Weser-Ems e. V.
Mars-la-Tour-Straße 13
26121 Oldenburg
Tel. +49 (0) 441 80 16 26
www.imker-weser-ems.de

Westfalen:
Landesverband Westfälischer und
Lippischer Imker e. V.
Langewanneweg 75
59095 Hamm
Tel. +49 (0) 2381 51095
www.lv-wli.de

Dienststellen der Bienenzuchtberater

Baden-Württemberg:
Regierungspräsidium Freiburg
Bertoldstraße 43
79098 Freiburg
Tel. +49 (0) 761 208-1285
Bruno.Binder-Köllhofer@rpf.bwl.de

Regierungspräsidium Karlsruhe
Schlossplatz 4–6
76131 Karlsruhe
Tel. +49 (0) 721 926-3664
siegfried.dietrich@rpk.bwl.de

Regierungspräsidium Tübingen
Konrad-Adenauer-Straße 20
72072 Tübingen
Tel. +49 (0) 7071 757-3490
Remigus.Binder@rpt.bwl.de

Regierungspräsidium Stuttgart
Ruppmannstraße 21
70562 Stuttgart
Tel. +49 (0) 711 904-13307
Thomas.Kustermann@rps.bwl.de

Bayern:
Amt für Ernährung Landwirtschaft
und Forsten
Graflinger Straße 81
94469 Deggendorf
Tel. +49 (0) 991 208-159
Erhard.Haertl@lwg.bayern.de

Amt für Ernährung Landwirtschaft
und Forsten Fürth
Universitätsstraße 38
91054 Erlangen
Tel. +49 (0) 9131 8849-26
gerhard.mueller@alf-by.bayern.de

Bezirk Oberbayern,
Bezirkshauptverwaltung
Prinzregentenstraße 14
80535 München
Tel. +49 (0) 89 2198-1060
www.Bezirk-Oberbayern.de

Amt für Ernährung Landwirtschaft
und Forsten
Am grünen Zentrum 1
87600 Kaufbeuren
Tel. +49 (0) 8341 9002-1840
Johann.Fischer@lwg.bayern.de

Amt für Ernährung Landwirtschaft
und Forsten
Adolf-Wächter-Straße 10–12
95447 Bayreuth
Tel. +49 (0) 921 591-235
Barbara.Bartsch@alf.by.bayern.de

Amt für Ernährung Landwirtschaft
und Forsten
Maxallee 1
92224 Amberg
Tel. +49 (0) 9621 9608252
Renate.Feuchtmeyer@lwg.bayern.de

Berlin/Brandenburg:
Länderinstitut für Bienenkunde
Friedrich-Engels-Straße 32
16540 Hohen Neuendorf
Tel. +49 (0) 3303 293838
Jens.Radtke@rz.hu-berlin.de

Arbeitsgemeinschaft der
Fachberater für Imkerei
www.imkerberater.de

Hessen:
LLH – Bieneninstitut Kirchhain
Erlenstraße 9
35274 Kirchhain
Tel. +49 (0) 6422 9406-14
Christian.Dreher@llh.hessen.de

Niedersachsen:
Niedersächsisches Landesinstitut für
Bienenkunde
Eleonore Straße 4
29221 Celle
Tel. +49 (0) 5141 9050-364
www.bieneninstitut.de

Nordrhein-Westfalen:
Landwirtschaftskammer Nordrhein-
Westfalen
Aufgabengebiet Bienenkunde
Nevinghoff 40
48147 Münster
Tel. +49 (0) 251 2376-663
www.lwk.nrw.de

Luxembourg:
Chambre d'Agriculture
261, route d'Arlon
L-8011 Strassen
Tel. +352 671 882 117
www.apis.lu

Schweiz:
Beratungs- und Kompetenzzentrum
Apiservice
Schwarzenburgstrasse 161
3003 Bern
Tel. +41 (0) 58 463 82 13
www.apiservice.ch

Bienenmuseen

Museum	Öffnungs-zeiten	Auskunft, Anmeldung Sonderführungen	Besonderheiten
Deutschland:			
Bienenmuseum Moorrege Klinkerstr. 82 25436 Moorrege	Mai–Sept.: 2. und 4. So. 14–18 Uhr	+49 (0)4122 82235 www.imkerverein-uetersen.de	
Niedersächsisches Landesinstitut für Bienenkunde Herzogin-Eléonore-Allee 5 (Franz. Garten) 29221 Celle	Bienengarten: ganzjährig 9–16 Uhr ohne Führung. Museum: 1. So. im Sept. (Tag der offenen Tür)	+49 (0) 5141 90503-40 info@bieneninstitut.de	Bienengarten, historischer Treppenspeicher, Bannkörbe, Wachs und Honigpressen
Bienenmuseum Duisburg Schulallee 11 Rummeln/Kalden-hausen 47239 Duisburg	Mi. u. Sa. 15–18 Uhr	+49 (0) 2841 51434 www.bimu-du.de	Honigsammlung aus aller Welt
Westfälisch-Niederländisches Imkermuseum Eschstr. 47 48712 Gescher	Sa., So. 10–12 u. 15–17 Uhr	+49 (0) 2542 98011 www.imker-gsv.de	Beutensamm-lung mit Stroh- und Figuren-beuten

Hohberger Bienenmuseum im Diersburger Rathaus 77749 Hohberg	1.5.–31.10.: jeder 1. So. im Monat, während der Sommerferien geschlossen	+49 (0) 7808 3911 www.bienenmuseum.de	Imkerei des Schwarzwaldes, Ludwig-Huber-Stube und -Gedenkstein
Bienenkundemuseum und Imkerlehrschau 79244 Münstertal/ Schwarzwald Ortsteil Spielweg	Mi., Sa., So. und feiertags 14–17 Uhr	07636 791105 www.Bienenkundemuseum.de	Exponate aus aller Welt in 11 Räumen, Beobachtungsstöcke mit lebenden Bienen, Imkerlehrschau
Bayerisches Bienenmuseum Vöhlinschloss Schlossallee 23 89257 Illertissen	Do.–So. + Feiertag 13–17 Uhr	+ 49 (0) 731 7040-118 http://www.landkreis.neu-ulm.de/de/bienenmuseum-illertissen.html Eintritt frei	Grafiken zur Kulturgeschichte der Bienen; Fortführung der K.A. Forster-Sammlung
Zeidelmuseum Zeidlersiedlung 14 90537 Feucht	So. 13.30–17.30 Uhr	+49 (0) 9128 12273 www.zeidelmuseum.de	Regionale Exponate im Herzen der traditionellen Zeidel-Imkerei
Deutsches Bienenmuseum Ilmstraße 3 99425 Weimar/ Oberweimar	Mi.–So., Sommerzeit 10–18 Uhr Winterzeit 10–17 Uhr	+49 (0) 3643 901032 FAX 805309 www.lvthi.de	Umfassende Präsentation von Figurenbeuten, Gaststube
Weitere Bienenmuseen in Deutschland:		www.honig-portal.de/museen.html	
Südtirol:			
Plattner Bienenhof Wolfsgruben 15 I-39059 Oberbozen-Ritten	Ostern bis Ende Okt. 10–18 Uhr	+39 (0) 471 345350 www.museo-plattner.it	Aufwändige Sammlung im 600 Jahre alten Bauernhof

Belgien:			
Bienenzuchtmuseum Putsesteenweg 129 A B-2920 Kalmthout	Sa. u. So. + Feiertag 13–17 Uhr	+32 (0) 3 6666101 http://bijenteeltmuse um.be/	Biologie und Nutzen der Bienen Historische Imkerei, Bienenprodukte
Musee de l'Abeille Esplanade de l'abeille 11 B-4130 Tilff (Nähe Lüttich)	April–Juni u. Sept.: Sa., So. und feiertags 14–18 Uhr, Juli–August: täglich 10–12 und 14–18 Uhr	+32 (0) 4 3804980 http://www.sitilff.be/ wp/activites/musees/ abeilles	Audiovisuelle, wissenschaftliche und lebende Abteilung
Apimondia Museum Visitor's Centre Huysmanhoeve Bus 1 B-9940 Eeklo	Di.–Fr. 9–17 Uhr, Sa., So. und feiertags 14–17 Uhr	+32 (0) 9 2539163 http://www.bee-house. eu/	Bienenbiologie u. -Botanik, Imkereigeschichte. Bienen auf Wappen. Münzen u. Briefmarken
Frankreich:			
Le Mesnil aux Abeilles Centre Apicole de Beautheil Route d'Amillis Coulommiers F-77120 Beautheil ca. 50 km östlich Paris	täglich 9–12 und 14–17 Uhr	+33 (0)1 64046845 +33 (0)1 64030926	Exponate aus allen französischen Regionen

Polen:			
Prof.-Ryszard-Koste-cki-Freilicht- und Bie-nenzuchtmuseum Poznanzka 35 P-62-020 Swarzedz	Nov.–Mrz.: 9–15 Uhr, Apr.–Okt. 9–17 Uhr, Sa.+So. 9–18 Uhr	+48(0)61 651 18 17 http://www.muzeum-szreniawa.pl/?q=de/node/198	Größtes Imkerei-Freilichtmuseum, Figurenbeuten, Bienenstock-sammlung mit 230 Exponaten
Schweiz:			
Schweizerisches Museum f. Land-wirtschaft u. Agrar-technik Burgrain CH-6248 Alberswil/ LU	Apr.–Okt.: So. u. feier-tags 10–17 Uhr, Mi.–Sa. 14–17 Uhr	+41 (0) 4951678 oder +41 (0) 9214393 www.museumburgrain.ch	Besonderheiten Erlebnisorien-tierte Ausstel-lung In nächster Nähe: Schau- und Lehr-bienenstand des Schweizer Imker-bundes Bienen Schweiz
Imkereimuseum Müli CH-8627 Grüningen	Apr.–Okt.: 1. und 3. So. 14–17 Uhr	+41 (0) 44 9323854 http://www.imkereimuseum.ch/	Sammlung von schweizerischen Beuten
Weitere Bienenmuseen weltweit:		www.apiservices.biz/de/datenbank/imkereimuseen www.beekeeping.com/databases/musees.htm	

Weiterführende Literatur

Imkerei allgemein

Autorenkollektiv.: Das Schweizerische Bienenbuch. Verlag VDRB, Appenzell 2012

Gekeler, W.: Honigbienenhaltung. 2. Aufl. Verlag Eugen Ulmer, Stuttgart 2013

Hüsing, J. O./Nitschmann, J.: Lexikon der Bienenkunde. Tosa Verlagsgesellschaft, 2002

Lampeitl, F.: Bienen halten. Eine Einführung in die Imkerei. 8. Aufl. Verlag Eugen Ulmer, Stuttgart 2018

Lehnherr, M.: Imkerbuch. Aristaios, Basel/Schweiz 2017

Ohne Bienen keine Früchte – Bedeutung und Lebensweise der Honigbiene. Bundesanstalt für Landwirtschaft und Ernährung, Bonn 2017

Pfefferle, K.: Imkern mit dem Magazin. 15. Auflage Selbstverlag, Münstertal 2011

Schwenkel, J. (Hrsg.): Grundwissen für Imker (Schulungsmappe). DLV, München 2019

Seeley, Th. D.: Bienendemokratie. Fischerverlag, Frankfurt 2015

Tautz, J., Heilmann, H. R.: Phänomen Honigbiene. Spektrum Akademischer Verlag 2012

Zeit für Tiere: Faszinierende Bienenwelt (DVD). Deutscher Imkerbund, Wachtberg

Bienenkrankheiten

Ritter, W.: Bienen gesund erhalten. Krankheiten vorbeugen, erkennen und behandeln. 2., erw. Aufl. Verlag Eugen Ulmer, Stuttgart 2016

Trachtbeobachtung und Bienenweide

Hintermeier, H. u. M.: Blütenpflanzen und ihre Gäste. Obst- und Gartenbauverlag, München 2002

Kopp, U.: Die schönsten Pflanzen für Bienen und Hummeln. Bassermann, München 2016

Liebig, G.: Die Waldtracht. Selbstverlag, Stuttgart 1999

Pritsch, G. Bienenweide. Kosmos, Stuttgart 2007

Schwarzer, E.: Mein Bienengarten. Bunte Bienenweiden für Hummeln, Honig- und Wildbienen. Verlag Eugen Ulmer, Stuttgart 2017

Honig und andere Bienenprodukte

Derndorfer, E./Fischer, E. et al.: Honig – Das Kochbuch. Brandstätter, Wien 2017

Frank, R.: Honig. Köstlich, gesund und vielseitig. Mit 180 Rezepten für alle Lebenslagen. 3. Aufl. Verlag Eugen Ulmer, Stuttgart 2019

Honig – Geschenk der Natur (DVD). Deutscher Imkerbund, Wachtberg

Mix, D.: Die Heilkraft des Honigs.
Herbig, München 2019
Neuhold, N.: Die Bienen-Hausapotheke.
3. Aufl. Leopold Stocker Verlag, Graz
2006

Wildbienen

Droege, Sam/Packer, L.: Bienen – 104 be-
sondere Arten aus aller Welt in faszi-
nierenden Nahaufnahmen. Leopold
Stocker Verlag, Graz 2016
Hintermeier, H. u. M.: Bienen, Hummeln,
Wespen im Garten und in der Land-
schaft. Obst- und Gartenbauverlag,
München 2000
Westrich, P.: Wildbienen – Die anderen
Bienen. Verlag Dr. Friedrich Pfeil,
München 2015
Westrich, P.: Die Wildbienen Deutsch-
lands. Verlag Eugen Ulmer, Stuttgart
2018

Bienenzeitungen

Bienen aktuell. Verlag Landwirt Agrar-
medien, Graz.
www.bienenaktuell.com
bienen&natur. DLV, München.
www.bienenundnatur.de
Deutsches Bienenjournal. Deutscher
Bauernverlag, Berlin.
www.bauernverlag.de
Schweizerische Bienenzeitung. Bienen
Schweiz.
www.bienen.ch

Bildquellen

Die Zeichnungen fertigte Michael Hof-
bauer, Loßburg/Wittendorf. Die Zeich-
nung auf Seite 54 stammt vom Autor.

Titelbild: © gartenfoto.eu/Martin
Staffler
anetapics/Shutterstock.com: Seite 20.
artphotoclub/Shutterstock.com: Seite
32 unten.
Harald Döring/Friedel Schox, Ebersberg:
Seite 10, 35, 39, 40, 41, 59, 63, 64, 65,
66, 67, 88 oben und unten.
Angela Hammer, Gomaringen: Seite 28.
Andrea Lenzmeier, Salzkotten: Seite 94.
Jerôme Pallé, Clermont-Ferrand: Seite 17.
Elke Schwarzer, Bielefeld: Seite 38.
Friedrich Springob, Stuttgart: Seite 3.
suradechsribuanoy/Shutterstock.com:
Seite 32 oben.

Alle anderen Fotos stammen vom Autor.

Register

Die in diesem Buch enthaltenen Empfehlungen und Angaben sind vom Autor mit größter Sorgfalt zusammengestellt und geprüft worden. Eine Garantie für die Richtigkeit der Angaben kann aber nicht gegeben werden. Autor und Verlag übernehmen keine Haftung für Schäden und Unfälle. Bitte setzen Sie bei der Anwendung der in diesem Buch enthaltenen Empfehlungen Ihr persönliches Urteilsvermögen ein.

Bibliografische Information der Deutschen Nationalbibliothek
Die Deutsche Nationalbibliothek verzeichnet diese Publikation in der Deutschen Nationalbibliografie; detaillierte bibliografische Daten sind im Internet über http://dnb.d-nb.de abrufbar.

© 1989, 2020 Eugen Ulmer KG
Wollgrasweg 41, 70599 Stuttgart (Hohenheim)
E-Mail: info@ulmer.de
Internet: www.ulmer.de
Lektorat: Dr. Eva-Maria Götz, Ulrich Commerell, Gabi Franz
Herstellung: Stephanie Haun
Umschlaggestaltung: Antje Warnecke, nordendesign.de
Satz: r&p digitale medien, Echterdingen
Reproduktion: timeRay Visualisierungen, Jettingen
Druck und Bindung: Firmengruppe APPL, aprinta Druck, Wemding
Printed in Germany

ISBN 978-3-8186-0974-0

Hier können Sie weiterlesen

Gute imkerliche Praxis.

Artgerecht, rückstandsfrei
und nachhaltig. W. Ritter.
2016. 236 Seiten, 216 Farbfotos, 43 farbige Zeich-
nungen, 20 Tabellen, geb.
ISBN 978-3-8001-0375-1.

Gute imkerliche Praxis bedeutet gesunde Bienen sowie die Gewinnung von sicheren Lebensmitteln und anderen Bienenprodukten.
Dieses Buch ist der Leitfaden dazu, wie Sie Ihre Bienen artgerecht
betreuen und gesunde Produkte umweltfreundlich gewinnen. Viele
Fotos und Checklisten helfen Ihnen dabei, durch standardisierte und
dokumentierte imkerliche Tätigkeiten und Abläufe, Ihre Bienenvölker
optimal zu führen, die relevanten Vorgaben von Arzneimittelgesetz,
Bienenseuchenverordnung, Honigverordnung, Lebensmittelgesetz
und anderer Vorschriften einzuhalten, dadurch Rückstände zu ver-
meiden und die Qualität Ihrer Bienenprodukte zu sichern.

Superfood aus dem Bienenstock

Honig. Köstlich, gesund und vielseitig. Mit 180 Rezepten für alle Lebenslagen. R. Frank. 3. Auflage 2019. 176 Seiten, 17 Farbfotos, 25 Tabellen, kart. ISBN 978-3-8186-0818-7.

Kaum ein anderes Naturprodukt ist so reich an gesundheitsfördernden Inhaltsstoffen und die Wissenschaft entschlüsselt immer mehr seiner Wirkungen auf die Gesundheit. In diesem Buch erfahren Sie nicht nur, wie die Bienen den Honig herstellen, sondern auch, wie seine Inhaltsstoffe mit ihren speziellen Wirkungsweisen auf den menschlichen Organismus wirken. Renate Frank verrät, wie Honig in der gesunden Ernährung verwendet werden kann und gibt Antworten auf die am häufigsten gestellten Fragen zum Honig. Mit vielen Tipps zur äußerlichen Verwendung von Honig und über 180 Rezepten zur Bereicherung der Ernährung.